COLLECTION DEGORCE-CADOT
A **1** FR. **25** LE VOLUME
1 FR. **50** PAR POSTE ET LES PAYS ÉTRANGERS

LOUIS NOIR

LES
PEUPLADES ALGÉRIENNES

PARIS
DEGORCE-CADOT, ÉDITEUR
70 bis, RUE BONAPARTE, 70 bis

ŒUVRES DU MÊME AUTEUR

A 1 FR. 25 C. LE VOLUME

JEAN CHACAL...	3 vol.
LE COUPEUR DE TÊTES...	2 —
LE LION DU SOUDAN...	2 —
LE CORSAIRE AUX CHEVEUX D'OR...	2 —
SOUS LA TENTE...	1 —
LES GOELANDS DE L'IROISE...	2 —
LE PAVÉ DE PARIS...	1 —

DU MÊME AUTEUR

les mêmes ouvrages en Brochures illustrées, à 60 c. la série, plus les suivants :

JEAN QUI TUE...	4 séries	2 fr. 40 c.
LA FOLLE DE QUIBERON...	3 —	1 80

Clichy. — Impr. Paul Dupont et Cie, rue du Bac-d'Asnières, 12.

LOUIS NOIR

GRANDS JOURS DE L'ARMÉE D'AFRIQUE

PEUPLADES ALGÉRIENNES

MAZAGRAN

PARIS

DEGORCE-CADOT, ÉDITEUR

70 bis, RUE BONAPARTE, 70 bis

LES GRANDS JOURS

DE

L'ARMÉE D'AFRIQUE

PEUPLADES ALGÉRIENNES.

LE KABYLE.

Différentes races de l'Algérie : le Kabyle ; son portrait, ses institutions politiques ; coup d'œil historique ; aspect d'un village. — Zaouïas ; mœurs et industrie. — La vendetta. — Climat et production. — Un tambour-major aux olives. — Les faux monnayeurs. — Les colporteurs. — Le mariage. — La meunière de la Djurjura. — Le zouave médecin.

Les Kabyles, peuplades autochtones, occupent les montagnes ; ils diffèrent essentiellement des Arabes, qui campent dans les plaines ; ils sont sédentaires, industrieux, agriculteurs, républicains, tandis que les Arabes sont nomades, pasteurs, et organisés féodalement ; enfin, le Kabyle est fantassin et l'Arabe cavalier ; ils parlent des langues différentes ; le premier occupe le pays depuis un temps immémorial, le second n'est arrivé en Algérie qu'en 710.

Le Kabyle est, d'ailleurs, de tous les indigènes de la colonie, celui qui mérite le plus de sympathie.

Le Kabyle est de taille moyenne, mais robuste, trapu, vigoureux ; il a la tête ronde, le cou très-court, les cheveux châtains, quelquefois roux ; ses yeux sont généralement gris avec des reflets bleuâtres qui leur donnent un singulier mélange de douceur et d'énergie. Il porte ordinairement une chemise de laine, un burnous, une calotte blanche ou rouge, et, quand il exerce un métier, un tablier de cuir.

La Kabylie est une république démocratique et fédérale, dont chaque village se gouverne lui-même en élisant chaque année un maire (amin) et une dgemmâa (conseil municipal), par le suffrage universel. Quand la pauvre commune est attaquée, les différentes tribus nomment un amin des amins, espèce de dictateur qui prend le commandement des contingents de guerre. La campagne finie, ses pouvoirs cessent.

Les élections se font en plein air, sur la place du marché. Les Kabyles ont en horreur tout ce qui peut ressembler à la dépendance ; la centralisation est chose inconnue pour eux.

« A quoi bon, » disent-ils, « pour administrer nos villages, un sultan qui vit à cent jours de marche de ses sujets ? »

Et ils se passent de sultans.

Les amins font exécuter les règlements traditionnels; ils imposent les amendes pour délits ; ils président les marchés, décrètent les travaux d'utilité publique, tels que lavoirs, fontaines, mosquées, etc. Ils recueillent l'impôt communal, le seul qu'admettent les Kabyles. Si un amin est prévaricateur, si la djemmâa (conseil) s'aperçoit qu'il commet des abus de pouvoir, sa déchéance est aussitôt prononcée, et l'on juge publiquement le coupable.

Il y a cependant une classe d'hommes qui exerce une grande influence sur les Kabyles. Ce sont les marabouts, prêtres ou plutôt saints de la religion musulmane. Moins bigot, moins démonstratif que l'Arabe, le Kabyle tient beaucoup à sa religion ; il vénère ses prêtres, parce qu'ils sont intelligents, éclairés et honnêtes. Dans la plaine, on naît marabout ; dans la montagne, on le devient. En Kabylie, les prêtres forment une classe ; chez les Arabes, c'est une caste.

Mais il faut bien comprendre de quelle nature est la vénération que portent les montagnards à leurs prêtres. On a l'habitude, dans les villages, de faire des cadeaux aux marabouts. Un jour, deux Kabyles, l'un riche, l'autre pauvre, offrirent chacun un plat de couscoussou à un marabout qui revenait de voyage. La cuisine du riche plut fort au saint homme, qui la mangea, abandonnant celle du pauvre à ses chiens.

Il est facile de comprendre jusqu'à quel point une race aussi démocratiquement et aussi librement constituée a la sujétion en horreur ; toute son histoire le prouve. Jusqu'en 1857, elle avait su échapper à la domination étrangère ; depuis trente siècles elle défendait ses montagnes contre les envahissements de l'ennemi. Jamais conquérant n'avait foulé son sol, jamais un de ses membres ne l'avait asservie.

Mais c'est qu'aussi la Kabylie est un pays unique. Il n'existe pas au monde une contrée plus admirablement défendue par des obstacles naturels : c'est une double chaîne de montagnes, se déroulant parallèlement à la Méditerranée sur une ligne de six cents lieues; ses contre-forts, presque à pic, ne sont ouverts à la base que par des défilés bordés de précipices, véritables *portes* (1) de l'immense citadelle; ses sommets sont hérissés de crêtes escarpées qui forment autant de forts inaccessibles. Depuis la chute de Carthage, du haut de ses villages attachés aux flancs de l'Atlas, le Kabyle a assisté impassible à toutes les révolutions qui ont ensanglanté, ravagé, incendié les plaines du Tell; et, comme l'aigle dans son aire, il est resté indifférent à ce terrible spectacle.

Après avoir soumis le monde, les Romains tentèrent d'escalader ces rochers abruptes; mais, malgré la bravoure et la puissante organisation des légions, les Romains furent repoussés; la sauvage tactique du barbare l'emporta cette fois sur la savante stratégie des généraux civilisés

Plus tard, les Vandales tentèrent l'assaut des monts Traras; les belliqueuses tribus de cette contrée les laissèrent arriver à mi-côte, se ruèrent sur eux et les refoulèrent dans la Méditerranée. Aujourd'hui encore,

---

(1) Plusieurs de ces défilés portent le nom de *Portes de fer.*

on trouve dans quelques familles des coupes faites d'un crâne humain provenant de ce massacre.

Après les Vandales apparurent les Arabes, dont la nombreuse cavalerie s'élança le long des pentes rapides qu'occupent les Beni-Raten, et ceux-ci, roulant des blocs énormes, écrasèrent cette avalanche d'hommes et de chevaux sous une avalanche de granit. Enfin les Turcs envoyèrent leurs janissaires contre les Zouavas ; et les janissaires, enfermés dans des gorges profondes comme des gouffres, sombres comme des sépulcres, y trouvèrent une mort terrible, sans combat et sans gloire.

Il a fallu trente années d'héroïques efforts, le courage irrésistible de nos soldats, et par-dessus tout le génie militaire de la France, pour ouvrir une voie à la civilisation à travers ces roches abruptes.

Il est fâcheux que nous ayons été obligés de porter nos armes contre ces fiers montagnards qui savent si bien mourir pour la liberté, mais la pacification de l'Algérie était impossible sans la conquête de la Kabylie ; car, enclavée qu'elle est dans nos possessions, elle coupait toutes nos communications, formait un noyau de résistance auquel se ralliait le reste de la population, et restait en face de nous comme une menace perpétuelle. Si les Kabyles avaient simplement occupé nos frontières, nous aurions pu, sans effusion de sang, compléter leur civilisation, déjà si remarquable, commercer avec eux, perfectionner leur industrie, mais ce ne fut pas possible.

Pour les Arabes, courbés sous le joug des Turcs, rançonnés par une aristocratie avide et toute-puissante, la conquête, malgré les rigueurs de la loi du sabre, a été un bienfait. Sans industrie, sans commerce, sans administration, les tribus, isolées les unes des autres par les rivalités, vivaient en guerre perpétuelle; la plèbe était opprimée et pillée par la noblesse; l'anarchie était à son comble. Le premier coup de canon français qui retentit sur la plage d'Alger fut un signal de délivrance. Que le principe civil succède au régime militaire, et nul ne sera en droit de nous contester l'opportunité et la légitimité de notre conquête.

Le Kabyle cultive ses montagnes; c'est un jardinier habile, auquel nous aurons peu à apprendre; il est forgeron, mécanicien, meunier, maçon, mineur, tisserand.

Aujourd'hui tout est terminé : le drapeau français flotte au-dessus d'une formidable redoute, le fort Napoléon, qui couronne le Djurjura, ce dernier boulevard de la nation kabyle. Après une défense héroïque de vingt années, les farouches guerriers de l'Atlas durent plier sous un effort gigantesque de notre armée d'Afrique. Cinquante mille hommes se réunirent sur les rives de l'Oued-Sebaon, au pied du Djurjura; quatre-vingt mille Kabyles se groupèrent sur les contre-forts, et les nuits qui précédèrent l'assaut présentèrent un spectacle imposant et grandiose. La plaine, illuminée par les feux des bivacs, resplendissait au loin, toute blanche de tentes innombrables; la montagne, étincelante de lumières, se détachait sur l'azur du ciel, toute blanche aussi de ses neiges éternelles. La situation était solennelle pour les deux armées. Les Kabyles, enveloppés de tous côtés, sentaient qu'un choc terrible menaçait de les refouler de plateaux en plateaux et de les broyer jusqu'au dernier;

les Français savaient que la défense serait désespérée ; ils avaient devant eux dix lieues de mamelons étagés à franchir, des retranchements formidables à enlever, et derrière eux la mer où les Vandales avaient péri.

Enfin, le 24 mai 1857, au moment où les premiers rayons du soleil empourpraient les crêtes du Djurjura, trois colonnes immenses quittèrent le camp français, et roulèrent, comme trois serpents gigantesques, leurs anneaux tortueux jusqu'au pied de la montagne ; tout à coup le canon tonna, donnant le signal de l'attaque, les clairons sonnèrent la charge, la fusillade crépita sur toute la ligne, une clameur inouïe ébranla l'écho des ravins, et cinquante mille de nos meilleurs soldats se ruèrent à l'assaut. Dans nos fastes militaires, il n'y a pas une page plus belle que l'histoire de cette journée ; l'élan fut si irrésistible que les montagnards, culbutés à la première charge, furent poursuivis sans trêve jusqu'à Souck-el-Arbâa, point culminant de l'Atlas. Il leur fut impossible de se reconnaître et de se rallier. Trois heures vingt-deux minutes après le premier coup de canon tiré, le drapeau du 2ᵉ zouaves (dont j'avais l'honneur de faire partie) flottait là où les aigles romaines n'avaient jamais pu planer.

Malgré cette victoire, les montagnards ne se soumirent pas tout de suite ; ils luttèrent encore pendant deux mois ; enfin ils traitèrent avec nous à la condition de conserver leurs lois et le droit de se donner des chefs En revanche, ils reconnurent la suzeraineté de la France et payèrent le tribut de guerre.

L'âme de cette guerre avait été une femme : Lalla-

Fatma. Comme les Gaulois, nos pères, les Kabyles eurent toujours des prophétesses, des femmes inspirées, qui les menèrent à la victoire.

Après leur première défaite, tout semblait perdu pour eux. Lalla-Fatma, entourée de ses femmes, prêcha la guerre sainte, ranima le courage des guerriers, réunit leurs forces éparses, et dicta un plan de défense si bien combiné, que, malgré la solide base d'opérations que nous avions conquise, il nous fallut livrer encore de nombreux combats, dans l'un desquels un seul bataillon perdit trois cents hommes.

Lalla-Fatma avait galvanisé les courages. Elle tomba enfin en notre pouvoir, mais avec beaucoup de difficultés. Nous avions exploré vainement toutes les montagnes pour découvrir le lieu où elle s'était retirée avec quelques milliers de fidèles, lorsqu'une bande de zouaves en maraude s'aventura dans un ravin, en apparence inoccupé. C'est là que se cachait Lalla-Fatma. Elle y fut prise après un dernier engagement très-vif. La vue de *cette* Abd-el-Kader de l'Atlas excita une extrême surprise. Jamais nous n'avions vu de femme aussi grasse. Voilà de quoi consoler les dames qui n'ont pas une taille de sylphide, car cette femme, atteinte d'une obésité prodigieuse, a déployé un courage, une intelligence et même des talents stratégiques vraiment admirables. Nous devons faire remarquer à ce sujet qu'en Afrique, comme dans certaines parties de l'Orient, on a sur la beauté d'autres idées que les nôtres. Plus une jeune fille a d'embonpoint, plus elle a chance de trouver un mari. L'Algérie est le paradis des femmes grasses.

Depuis que le traité de paix est signé, les montagnards en ont exécuté fidèlement les clauses. Du reste, on s'est étudié à leur rendre le joug léger. Ils ont vu avec plaisir que l'on affectait une partie de l'impôt à payer les desservants des mosquées, qu'on respectait leur religion, et que, malgré quelques conseils dangereux, mais mal reçus, on se dispensait de leur envoyer des missionnaires catholiques. En outre, grands appréciateurs des routes construites par nous, ils ont fréquenté nos marchés, où ils ont trouvé des débouchés avantageux pour leurs produits ; ils ont noué avec nos colons des relations qui chaque jour deviennent plus intimes ; on entrevoit même, dans un avenir très-rapproché, la fusion des races comme chose possible. Entre nos paysans et les Kabyles, il y a peu de différence quant à la manière de vivre. Un village de Beni-Raten ressemble à s'y méprendre à un village provençal. Les maisons sont solidement bâties et couvertes de tuiles ; les fontaines publiques sont très-bien entretenues, les lavoirs sont vastes et commodes ; les mosquées ont une analogie frappante avec nos églises de campagne ; leurs minarets s'élancent dans les airs comme nos clochers gothiques. Les travailleurs reviennent des champs vers le soir, l'instrument du travail sur l'épaule ; les pâtres ramènent le troupeau de la commune, et chacun, sur leur passage, reprend sa chèvre ou son mouton. Le feu pétille dans les cours, les femmes préparent le couscoussou, des flocons de fumée empanachent les toits, et le soldat français, qui passe en retournant au fort, rêve alors à son pays, où il peut se croire transporté.

1.

Les mœurs des montagnards de l'Atlas sont patriarcales ; ils vivent avec la plus grande sobriété, ne recherchent ni le bruit ni l'ostentation, ont la religion du serment et même le sentiment de l'honneur. Chez eux, l'hopitalité n'est pas fastueuse comme chez les Arabes, mais elle est sincère et sûre.

Presque tous les grands villages possèdent des zaouas, qui sont à la fois de petits séminaires et des monastères. C'est là que ceux qui aspirent au titre de tolba et de marabout vont étudier le Coran ; c'est là que vivent dans la retraite les moines musulmans. Ces zaouas sont entretenues par les dons volontaires, une dîme et le produit des biens de mainmorte qni leur appartiennent. Elles recueillent pour quatre jours les voyageurs et les mendiants. Ce sont des asiles inviolables. Il y a des mendiants qui passent toute leur vie à voyager de zaoua en zaoua, véritables pèlerins vagabonds comme nous en avions au moyen âge ; d'autres se tiennent aux portes du saint lieu et sollicitent la générosité des passants et des fidèles, avec forces simagrées, ainsi que cela se pratique encore à l'entrée de nos cathédrales. On voit que la charité n'est pas la vertu exclusive de tel ou tel culte.

Il y a aussi des marchands d'amulettes, de scapulaires semblables aux nôtres ; il y a des débitants de chapelets, de reliques ; il y a des trafiquants d'eau bénite ; enfin il y a des jongleurs de piété qui exploitent à grand renfort de mômeries la crédulité des montagnards. Leur naïveté n'exclut pas la fierté.

Le Kabyle est extrêmement susceptible ; s'il salue, il faut lui répondre, ou il vous demandera raison de votre dédain. Il s'emporte facilement; les rixes sont fréquentes et se terminent par un combat loyal, face à face, au couteau. La vendetta existe aussi chez lui. Un Kabyle en appelle toujours à son yatagan pour punir une insulte. Un jour un Beni-Raten, passant devant la maison de son voisin, fut mordu par le chien de celui-ci : comme les Kabyles ne sortent qu'armés de pied en cap, le Beni-Raten coucha en joue avec son fusil l'animal qui avait voulu lui enlever une partie notable de ses mollets, et le tua. La femme du voisin tenait sans doute à ce quadrupède hargneux. Elle l'emporta dans ses bras en pleurant à chaudes larmes. Son mari sortit au bruit de la décharge; il crut voir un sourire moqueur sur les lèvres de son voisin. Aussitôt il décrocha son fusil, vint à lui, et lui dit dans cette langue kabyle si fière, dont chaque phrase ressemble à une sentence :

— Mon chien t'a mordu... tu l'as tué, tu as bien fait. Ma femme aimait son chien... elle le pleure, elle fait bien ; mais tu as ri de la douleur *de celle que j'ai choisie*, tu as eu tort : défends-toi !

Les couteaux sortirent de leurs gaînes : le rieur tomba mort.

Le jour même, ses parents se rassemblèrent; les proches du meurtrier s'unirent à eux ; les habitants du village prirent fait et cause soit pour ceux-ci, soit pour ceux-là. Le combat s'engagea dans les rues vers midi; à trois heures, il y avait vingt-deux morts et six blessés. Le lendemain, la guerre recommença de plus belle, et ainsi chaque jour, jusqu'au moment où il ne resta plus que des vieillards, des femmes et des enfants. Ces derniers, en grandissant, apprirent à se détester ; ils jouèrent du yatagan les uns contre les autres dès qu'ils le purent ; ils firent si bien qu'aujourd'hui on ne voit plus que les ruines de leurs maisons abandonnées par ce qui restait d'habitants.

Disséminés dans les tribus voisines, ils continuent à se haïr de père en fils. Il y a cent soixante ans que cela dure.

Un conseil de guerre a jugé dernièrement un des descendants de celui qui tua le chien. L'accusé avait coupé la tête à l'arrière-neveu du propriétaire de l'animal.

Le Kabyle est loyal autant que susceptible. Après la guerre, il ne cherche pas, comme l'Arabe, ce fourbe par excellence, à se venger de la défaite par de lâches assassinats. Les soldats peuvent se promener sans armes au milieu des villages ; s'ils ne froissent personne, ils sont aussi en sûreté que derrière les murailles du fort.

Le cadi est un fonctionnaire institué par le Coran pour enregistrer les contrats et juger les différends. Le Kabyle a rarement recours à lui. Dans une affaire, il donne sa parole, tout est dit ; dans une contestation où les droits sont douteux, il en appelle aux armes. Cependant, comme la loyauté des montagnards est extrême, comme ils sont peu chicaneurs, les rixes viennent presque toujours à la suite des froissements d'amour-propre et rarement à cause d'une querelle d'argent.

Il existe dans le Djurjura une tribu qui s'intitule Beni-Fraoussen (fils de Français) ; ce qu'il y a de plus étrange, c'est que ces Kabyles prétendent avoir eu pour ancêtre un guerrier franc du temps des croisades. En raison de leur consanguinité avec nous, ils se sont faits nos alliés en 1857. Chose singulière, sur une de leurs maisons, on a découvert un écusson où sont sculptées les armes des Montmorency. Le fait a été affirmé par des témoins oculaires, et nul ne l'a démenti.

En sorte que si un Montmorency se fût trouvé dans nos rangs, il aurait pu échanger une poignée de main avec l'amin des Fraoussen.

En 1857, pendant la grande expédition, notre colonne, une fois la paix signée, bivaqua près de Soukel-Arbâa. Grâce au butin recueilli, beaucoup de soldats se trouvèrent riches; plusieurs avaient ramassé sur le champ de bataille des armes d'un grand prix. Un zouave, entre autres, possédait un flissa (sabre droit), dont la poignée était enrichie de pierres précieuses; le chef auquel il avait appartenu était blessé et prisonnier; en tombant il avait vu le zouave s'emparer de son arme (ce qui est de bonne guerre en Afrique). Une fois libre et rétabli, l'amin vint se promener au camp et chercha le zouave qui l'avait blessé. Il le reconnut.

— Salut, Fraoussen (Français), lui dit-il.

— Salut, répondit le zouave en *sabir*, langue de fantaisie que tout le monde comprend en Algérie.

— Je viens, reprit le Kabyle, pour savoir si tu n'as pas vendu mon flissa.

— Non, répliqua le zouave. Il y a un juif qui m'en offre quatre douros (vingt francs), mais à ce prix-là ce n'est pas la peine de m'en défaire.

— Il vaut cent douros (cinq cents francs). Viens ce soir

à mon village; tu demanderas la maison de l'amin Ben Akmet. Apporte le flissa, je te donnerai la somme.

— J'irai. Mais avant de nous quitter, assieds-toi et prends le café avec nous.

Le Kabyle et l'escouade du zouave fraternisèrent autour d'une marmite de café.

Le soir, le zouave se présenta dans la maison de l'amin; le toit en était brûlé, les murs à demi ruinés, par suite de la guerre; il vit cent douros comptés sur une table à demi calcinée; mais il vit aussi dans un coin une femme qui pleurait en allaitant son enfant:

— Pourquoi donc ta femme pleure-t-elle? demanda le zouave.

— Parce que je me ruine pour racheter cette arme.

— Tu y tiens donc beaucoup?

— Oui, elle vient de mon aïeul, qui l'enleva à l'agha des janissaires, quand ceux-ci vinrent nous attaquer. Tu es témoin que je ne l'ai lâchée que quand mon sang coulait à flots de ma poitrine.

— Nom d'un tonnerre! s'écria le zouave, tu t'es conduit en brave; c'est dommage qu'on ait brûlé ta maison.

— Enfin, reprit le Kabyle, ce qui est fait est fait. Ma demeure est ouverte au vent et à la pluie, mes silos n'ont plus de grain, mes troupeaux sont entre vos mains, il ne me reste plus que cet argent. Tu vas le prendre et me donner l'arme que j'ai perdue. Nous souffrirons de la faim et du froid cet hiver, mais je pourrai léguer à mon fils le flissa que m'a légué mon père.

Le zouave jeta un coup d'œil sur la jeune femme qui fondait en larmes, sur le Kabyle qui restait morne et impassible. Pauvres gens ! pensa-t-il ; puis il murmura :

— Pourquoi diable ne vous êtes-vous pas soumis ?

— Si nous venions chez toi pour asservir ta patrie, que ferais-tu ? demanda fièrement le Kabyle.

— Je me battrais. Allons, tu as eu raison, va. Tiens, voici ton sabre, garde ton argent.

— Tu dis ?

Une larme jaillit de la paupière du Kabyle, qui saisit la main du zouave et la pressa avec effusion ; la jeune femme embrassait ses genoux.

— Ecoute, dit le Kabyle, vous autres Fraoussen, vous avez des bras d'acier et des cœurs d'or, je regrette que votre poudre ait brûlé contre la nôtre. Dans un an j'aurai rétabli mes affaires : si la moisson est bonne, je te rembourserai ce que je te dois, car je te dois cent douros ; la guerre est la guerre, tant pis pour les vaincus. Laisse-moi par écrit le nom de la ville où tu seras au mois de juin prochain.

— Mon vieux, à ce moment-là, mon congé sera fini ; j'aurai passé l'eau ; il y aura entre nous un fleuve de deux cents lieues de large, la Méditerranée ! Je serai en train de chercher de l'ouvrage chez les armuriers de Paris pour ne pas être à charge à mon vieux père, un ancien du temps du premier Empereur.

— Ecris-moi ces renseignements sur cette planche, avec ton couteau.

Le zouave écrivit tout en souriant ; puis il serra la main du Kabyle, et s'en retourna au camp.

Un an s'était écoulé ; le zouave était à Paris, sans ouvrage, s'ennuyant et prêt à se rengager. Un soir, il vit entrer, dans la pauvre mansarde où il logeait avec son père, la portière, qui lui annonça qu'un Bédouin désirait lui parler.

C'était le Kabyle au yatagan. Il apportait cinq cents francs.

Bien mieux, croyant s'apercevoir que le zouave n'était pas riche, il lui proposa de venir s'établir armurier en Kabylie. « J'ai beaucoup d'influence sur mes frères, » dit-il, « l'ouvrage ne te manquera pas. » Le zouave accepta la proposition. Il a monté là-bas un établissement qui a pris beaucoup d'extension. Sa fortune est assurée; il a épousé la sœur de l'amin, et son vieux père, qui l'a rejoint, fait sauter un petit-fils sur ses genoux.

Le climat de la Kabylie est très-variable. La température, élevée à la base des montagnes, s'abaisse progressivement à mesure qu'on se rapproche des hautes cimes, qui sont couvertes de neiges éternelles. Dans l'expédition de 1857, au mois d'août, un convoi de douze mulets escortés par un bataillon revint des crêtes de l'Atlas avec une charge de glace destinée aux services des ambulances établies dans la plaine, où le thermomètre marquait quarante degrés au-dessus de zéro. Entre les glaciers et cette étuve, il n'y avait que huit heures de marche. Les productions ont autant de variété que le climat. Peu riches en blé, les champs de la Kabylie sont fertiles en légumes, en herbacées et en tubercules. Quand nos soldats, après une expédition, sont rentrés dans leurs garnisons, ils regrettent les oignons du Djurjura, comme les Juifs regrettaient ceux de l'Égypte. Les arbres abondent sur les plateaux, mais les pâturages sont rares; cependant les feuilles de frêne permettent aux montagnards d'élever quelques bestiaux, surtout des chèvres et des ânes.

Le chêne-liége forme des forêts considérables qui seront un jour une branche importante de notre commerce colonial; le thuya y pousse en bouquets touffus, et l'ébénisterie parisienne fait le plus grand cas de ses racines pour la confection des meubles de luxe; les figuiers sont aussi une des grandes ressources des Kabyles, mais leur principale richesse consiste dans l'immense quantité d'oliviers qui croissent naturellement sur leur sol. En Provence, cet arbre est un nain hideux, rabougri, qui fait peine à voir; en Afrique, c'est un géant majestueux et touffu qui brave la gelée et l'ouragan.

Autrefois les indigènes laissaient perdre, faute de débouchés, une énorme quantité d'olives; mais depuis quelque temps, ils greffent les pieds sauvages et apportent leur huile sur les marchés du littoral.

Cette huile est conservée dans des jarres de terre cuite si hautes qu'un homme peut s'y tenir debout et caché: souvent, lors de l'assaut des villages, elles ont causé à nos soldats des mésaventures désagréables. Un jour, dans un bourg qui venait d'être enlevé, un tambour-major et ses *tapins* essayaient de pénétrer dans une case pour y faire razzia. Les portes, solidement barricadées, résistèrent à des sommations peu respectueuses faites à coups de pierres. Le tambour-major, grâce à sa haute stature, se hissa sur le toit; ses tambours l'imitèrent en se faisant la courte échelle.

Toute la bande d'envahisseurs se mit à déranger les

tuiles pour pratiquer une ouverture et se glisser à l'intérieur. Tout à coup la toiture surchargée céda en partie, et les maraudeurs roulèrent au rez-de-chaussée. Le tambour-major roula aussi, mais il eut assez de présence d'esprit pour saisir sa canne qu'il avait déposée près de lui : un tambour-major n'abandonne jamais sa canne, même dans les circonstances les plus critiques et les plus imprévues, car un tambour-major sans sa canne est dépourvu de son plus bel ornement; autant vaudrait un poignard sans lame, un lion sans crinière, une femme sans crinoline, une rose sans parfum. Après leur chute, les tapins, plus ou moins contusionnés, se relevèrent tant bien que mal, se comptèrent, et constatèrent la disparition du plus bel homme du régiment.

On le cherchait, on l'appelait vainement, quand on aperçut au-dessus d'une maîtresse jarre sa canne à pomme d'argent qui se livrait à des évolutions aussi bizarres que désordonnées. Le tambour-major était enseveli dans cette jarre, jusque par-dessus la tête. On le retira, non sans peine ; une minute plus tard il périssait dans l'huile ;... fin honteuse, digne tout au plus d'un goujon !

Ce tambour-major était destiné à de plus glorieux destins. *Habent sua fata.* Il eut l'honneur de périr sous la dent d'une bête fauve comme un gladiateur antique ; une panthère le dévora en l'année 1845, dans la nuit du 27 juin, au milieu de la forêt de Bou-Ismaël. *Sic transiit !*

Les flancs de l'Atlas, si fertiles en végétaux, recèlent des métaux précieux ; nous sommes convaincus qu'il n'y a pas un pays au monde plus fécond en richesses minérales. Quand on y campe pendant quelques jours, on retire les piquets des tentes couvertes de paillettes de cuivre. Nous affirmons ceci *de visu*. Tout le fer dont les Kabyles se servent est extrait de leurs mines. L'abondance du métal a même donné naissance à une industrie que les Turcs punissaient de mort avant nous : celle des faux monnayeurs. Quatre ou cinq villages, et entre autres le sebpt des Beni-Yaya, en ont le monopole. Les pièces sont assez bien imitées pour tromper des yeux exercés. Cette monnaie de mauvais aloi est écoulée en dehors du pays kabyle par les fabricants, qui courent les plus grands dangers sur les marchés de la plaine. Quand ils sont reconnus, ils sont impitoyablement massacrés par les Arabes.

Lors du sac des Beni-Yaya, cette monnaie causa à un juif une cruelle déception. Deux zouaves avaient trouvé un énorme sac plein de pièces de cinq francs. Il y a souvent imprudence à révéler une belle prise ; sous prétexte de restitution, on a vu parfois des razzias magnifiques passer des mains de ceux qui les avaient faites dans d'autres mains qui n'étaient pas celles du légitime propriétaire. Les deux zouaves se gardèrent bien d'ébruiter l'affaire ; mais, comme ils manquaient de moyens de transport, ils proposèrent à un marchand juif d'échanger cet argent contre de l'or. Celui-ci, abusant de la situation, les vola de moitié. Il fallut bien s'exécuter. A Alger, le malheureux israélite reconnut qu'il avait fait un marché de dupe. Les cinq mille francs qu'il avait en caisse ne valaient pas cent écus.

Depuis que nous avons soumis la Kabylie, on surveille attentivement les faux monnayeurs. A l'avenir, les Beni-Yaya seront obligés, pour s'amasser un petit pécule, de faire comme les Zouavas, leurs compatriotes, qui, n'étant pas riches en terre, s'expatrient pendant un certain laps de temps. Ce sont les Savoyards de l'Algérie. Cette peuplade a le privilége de fournir aux villes du littoral leurs porteurs d'eau, leurs commissionnaires et leurs portefaix. Les Zouavas, du reste, jouissent de la même réputation de probité et d'activité que leurs confrères d'Europe. De temps immémorial ils ont aussi fourni des soldats mercenaires aux pouvoirs qui se sont succédé dans la régence; dès le principe, ils formaient à notre service un bataillon indigène, d'où sont sortis les zouaves.

Quand on les paye bien, ils se battent bien; mais il ne faut plus compter sur eux si la solde est en retard. Déjà, du temps de Salluste, ils avaient cette réputation. Comme on dit aujourd'hui : *Pas d'argent, pas de Suisses*, on disait alors : *Pas de sesterces, pas de Mauritaniens. Nil novi sub sole!*

Les Kabyles de l'Ouarenseris ont une spécialité : ils se font colporteurs; avec une petite boîte et des ballots ils parcourent les douars de la plaine. Ce dernier métier est très-dur, il offre bien des dangers. Mais la terrible vendetta des montagnes protége loin de leur pays ces pauvres enfants de l'Atlas. Quand un Arabe est tenté d'assassiner un colporteur, il songe aux parents qu'il a laissés chez lui, et la crainte de leur vengeance l'emporte le plus souvent sur le désir de s'emparer d'un peu d'or.

La vendetta, on le voit, est bonne à quelque chose. Un jeune Kabyle avait étalé ses marchandises à Tougourt, oasis située fort avant dans la Sahara. La femme d'un cheick fut tentée par une petite glace d'Europe ; elle pria son mari de la lui acheter.

— Combien ta glace ? demanda le cheick au Kabyle.

— Un douro (5 francs), répondit celui-ci.

— C'est trop cher, tu me voles.

— Ma marchandise est à moi, je la vends ce que je veux.

— Voilà trois couris, donne ce miroir.

Le cheick jeta dédaigneusement les trois pièces de cuivre au colporteur, qui ne les ramassa pas.

— Prends garde, gronda le cheick, je puis te prendre non-seulement cette glace, mais tout ce que tu possèdes.

— Essaye, répondit fièrement le Kabyle en tirant son couteau.

Le cheick furieux fit un bond en arrière, arma un pistolet et cassa la tête au jeune homme.

Cinq mois se passèrent. Le cheick maria une de ses filles, et il donna une diffa (festin) aux invités. Tout à coup un coup de fusil résonna dans le lointain, une balle vint frapper le cheick à la tête.

Les convives étaient consternés. Quand le premier moment de stupeur fut passé, on sauta en selle pour chercher l'assassin, mais il avait eu le temps de fuir ; le coup avait été tiré à douze cents mètres au moins de la victime. Un Kabyle seul était capable d'une pareille adresse; on se souvint du colporteur tué cinq mois auparavant, et l'on se promit de respecter à l'avenir ces pauvres diables. Il ne faut pas s'étonner qu'un Kabyle ait troué une tête à cette distance ; les montagnards sont les meilleurs tireurs du monde, et cela n'a rien d'étonnant : dans leurs fêtes, ils brûlent beaucoup de poudre, et, au contraire des Arabes, qui s'amusent comme des fous à tirer en l'air, ils ont toujours un but à leurs coups.

Le but est ordinairement un objet qui ne dépasse pas la largeur d'une main. Il y a même un usage touchant dans les mariages des montagnards : un Kabyle ne confie sa fille à un fiancé qu'après s'être assuré qu'il pourra la défendre. Devant toute la tribu assemblée, le chef de famille, qui est presque toujours un vieillard aux cheveux argentés, s'avance en redressant sa taille voûtée ; un enfant lui remet une pierre ; l'aïeul rassemble toutes ses forces et la lance aussi loin qu'il peut. Là où elle tombe, on plante un pieu, sur lequel on place un œuf que le fiancé doit abattre en trois coups de fusil. S'il réussit, on va dresser le contrat de mariage devant le cadi ; le plus souvent on se passe de ce fonctionnaire, et l'on convient verbalement des conditions, après quoi on fait un repas, et le mariage est conclu. Si le fiancé manque son œuf, il est forcé d'attendre jusqu'au jour où il se sent assez habile pour recommencer l'épreuve.

L'usage en Kabylie est de payer, à titre de dot, une certaine somme (ordinairement cinq cents francs) au père de la mariée.

Un Kabyle, auquel un Européen manifestait son étonnement de cette coutume, lui en expliqua les motifs ainsi :

— Pourquoi es-tu servi par ton nègre ? demanda-t-il.

— Parce que je le paye.

— Bien. Dis-moi maintenant qui doit être le maître dans le ménage ?

— L'homme.

— Bien encore. Mais comme une fille doit obéissance à son père, pour en devenir le maître, il faut donc payer à ce père les droits qu'il cède. Au contraire, reprit le Kabyle, si la femme donne une somme d'argent à un homme, cet homme doit alors obéir à celle qui l'a acheté. C'est la *justice juste*. Voilà pourquoi nous achetons nos épouses, afin de n'être pas, comme vous, soumis à leurs volontés.

— Tu te trompes, dit l'Européen, ce sont nos femmes qui nous sont soumises.

Les montagnards n'aiment pas les démentis ; celui-là regarda son interlocuteur en face et s'écria avec énergie :

— J'ai dit la *vérité vraie*, et la preuve c'est que j'ai entendu, moi, Ben-Yacoub, entendu de mes oreilles, la femme du gouverneur dire à son mari : « *Cador* (cher), « vous fumez chez moi et cela me déplaît ; jetez donc « votre cigare !... » Et le gouverneur a obéi.

— Comment as-tu pu assister à ce dialogue ?

— J'étais alors portefaix sur la place du gouvernement, et j'entrais derrière le général chargé d'un gros bouquet qu'il avait acheté pour sa femme.

Quoique achetant leurs femmes, les montagnards ne les maltraitent pas et ne les ravalent pas comme les

Arabes au rang de créatures non pensantes. Ils croient que la femme possède une âme; ils l'estiment assez pour la laisser aller et venir sans voile; ils l'admettent même à leurs conseils. Mais, à cause de sa faiblesse corporelle, ils prétendent que l'autorité doit appartenir au travailleur qui gagne le pain du ménage, au guerrier qui protége le foyer. La femme kabyle est heureuse; elle paraît rarement aux champs, et la tâche la moins pénible lui est réservée. Beaucoup de nos ouvrières envieraient son sort. Le Kabyle est un mari modèle qui ne rentre jamais ivre, qui est économe. Il a la liberté, d'après la loi civile et religieuse, de prendre quatre femmes. Il se contente d'une seule. Y a-t-il beaucoup de Français qui imiteraient cette modération?

Nous recommandons les Kabyles aux mères de famille qui ont des jeunes filles à marier.

Ceci est plus sérieux qu'on ne pourrait le croire. Un jour les filles de nos colons apprécieront ce que vaut cette race d'hommes douée de qualités si précieuses.

Les femmes kabyles sont fort jolies; leurs figures moins régulières peut-être que celle des femmes arabes, ont beaucoup plus d'expression. Elles se font remarquer par une mise plus soignée, et elles changent généralement de toilette deux fois par jour. On ne peut leur reprocher qu'une chose, c'est la férocité qu'elles déploient contre les prisonniers de guerre.

Mais il faut dire aussi qu'elles montrent le plus grand héroïsme dans la bataille. Elles excitent leurs maris par leur présence et, munies de morceaux de charbon, elles tracent des croix noires sur les burnous de ceux qui fuient. Un pareil signe est le comble de l'infamie pour un guerrier.

Le trait suivant peut donner une idée de l'humeur belliqueuse des montagnardes.

Les Flittas ayant été battus par nous, leurs femmes jurèrent de ne leur préparer le couscoussou que quand ils auraient réparé ce désastre. Les Flittas, poussés par la faim et l'amour-propre, se ruèrent à l'assaut d'un camp retranché, et ils parvinrent à couper plusieurs têtes de Français qu'ils rapportèrent à leurs moitiés. La vue de ces trophées les adoucit. Quelquefois il est arrivé qu'une jeune fille se soit laissé émouvoir en face d'un prisonnier de guerre supportant la torture sans se plaindre ; le courage a sur ces natures énergiques un grand empire. Alors la jeune fille donnait son anaya au captif, et il était sauvé. Seulement il devait épouser sa libératrice.

Nous connaissons un officier supérieur qui dut la vie à une jeune fille des Traras dans une circonstance semblable. Aujourd'hui il est marié avec elle, et dans bien des salons où cette dame est reçue, on ne se doute guère qu'elle a reçu le jour en pleine Kabylie.

Le mot *anaya*, dont nous venons de faire usage, demande une explication. L'*anaya* est un signe de protection donné par un Kabyle pour qu'on respecte le porteur comme lui-même. Ce signe est tantôt un parchemin, tantôt une amulette, d'autres fois un simple bâton.

Si celui qui a délivré l'anaya est un personnage influent et connu, on peut voyager en toute assurance dans le cercle où s'étend sa réputation. On n'a rien à redouter, même d'un ennemi mortel, pourvu que l'on soit possesseur de l'anaya d'un marabout vénéré.

Tous les membres d'un village, d'une tribu même, respectent l'anaya délivré par un des leurs. Toute une peuplade prend les armes pour soutenir un de ses citoyens dont l'anaya a été violé.

L'anaya pour un voyageur est le plus sûr des saufs-conduits.

Il y a un Parisien, simple zouave, qui, à la suite de circonstances assez bizarres, se maria, dans les montagnes de l'Atlas.

Après un engagement, sa compagnie était déployée en tirailleurs devant un village que gardait son bataillon. Les Kabyles avaient été si vigoureusement délogés, qu'ils ne se montraient plus. A quelque distance des tirailleurs, dans un moulin à olives, détaché du village, des coqs chantaient.

— Voilà des gueux qui nous provoquent, dit le Parisien ; j'ai bien envie d'aller leur conter deux mots.

— Ouvre l'œil, répondit un autre zouave. Le moulin est peut-être occupé.

Le zouave était un *chapardeur* audacieux ; il ne tint pas compte de l'observation, prit le pas de course, pénétra dans la cour du moulin, tira la baguette de son fusil et se mit à frapper de çà de là au milieu de la gent emplumée, dont il fit grand carnage.

Après quoi il s'occupa de ramasser les morts.

Tout à coup il entendit un cri. Aussi prompt que la pensée, il se jeta derrière une jarre pleine d'huile et arma son fusil.

Personne ne se présenta, mais un second cri se fit entendre.

C'était une plainte douloureuse.

Le zouave se glissa avec l'adresse d'un chat le long des murailles, et se hasarda dans l'intérieur même du moulin; il finit par trouver l'endroit d'où partaient les appels, dont il voulait connaître la cause.

C'était une petite chambre, dans laquelle il entra, toujours prêt à faire feu.

Un singulier spectacle se présenta à ses yeux : une jeune femme, étendue sur une natte, venait de mettre au monde un gros garçon, qui se débattait auprès de sa mère en pleurant, selon la disgracieuse habitude de tout être humain à son entrée dans la vie.

— Parbleu! se dit le zouave, cette femme-là prend très-bien son temps pour donner des défenseurs à sa patrie; ce moutard va combler un des vides faits ce matin par nos balles. Avec l'initiative qui caractérise nos régiments d'Afrique, le hardi chapardeur s'improvisa sage-femme; il prodigua à la mère et à l'enfant tous les soins possibles, les installa tous deux du mieux qu'il put, et les quitta en faisant un signe amical à l'accouchée.

Il redescendit dans la cour, rassembla ses poules et retourna vers le village. Tout en marchant, il se demandait comment il se faisait qu'aucun uniforme français ne se montrait. Son embarras fut extrême quand il vit que la position avait été abandonnée. Le général, ayant changé ses plans, avait fait rappeler le bataillon. Il fut impossible au zouave de découvrir ce que l'armée était devenue. Me voilà beau! se dit-il; tout seul ici! les Kabyles vont revenir, et je serai dans une triste position. Le mieux est de retourner au moulin.

Et le zouave regagna la chambre de l'accouchée.

Cependant les Kabyles ne se hâtaient pas de reprendre possession de leurs maisons.

Il y avait à cela une cause qu'ignorait le zouave.

L'armée française avait exécuté un mouvement audacieux sur sa gauche, et elle était aux prises avec les contingents kabyles, qui luttaient énergiquement pour conserver un mamelon d'où l'on avait accès au cœur même de leur pays.

Vers le soir, un grand bruit se fit entendre du côté du village ; les Kabyles vaincus y rentraient après avoir déposé les armes.

Le zouave se demanda quel parti il fallait prendre ; il reprit son fusil.

La femme du Kabyle lui fit signe que c'était une inutile précaution.

En effet, bientôt le moulin fut envahi par les parents et les voisins de la meunière, très-anxieux de savoir ce qui lui était arrivé.

Son mari avait été tué au début de l'affaire ; ses frères et son père, tout au combat, n'avait pensé à elle que trop tard ; ils accouraient n'espérant plus la trouver vivante.

Le premier indigène qui entra poussa une clameur de rage en apercevant le soldat français ; mais la jeune femme l'appela et lui dit quelques mots qui le calmèrent aussitôt.

C'était un de ses frères.

Il manifesta au zouave la plus vive reconnaissance et

appela ses parents, auxquels il raconta ce qui s'était passé.

Une trêve avait été conclue entre les montagnards et l'armée française. Les amins (chefs) des douars réglaient les conditions de la soumission.

L'un des frères de la meunière ayant exercé, comme beaucoup de ses compatriotes, la profession de maçon à Alger, parlait bien le français.

Il proposa au zouave de passer la nuit au moulin, lui promettant que le lendemain on le reconduirait aux avant-postes de la colonne.

Le zouave accepta ; il dormit fort tranquillement, et à l'aube du jour il prit congé de la meunière et de son poupon.

La jeune femme murmura quelques mots que traduisit son frère.

— Elle demande si nous ne te reverrons plus, dit-il.

— Peut-être, répondit le zouave. Ce peut-être parut ne pas contenter la jeune mère. Elle lança au zouave un regard suppliant. Eh bien ! reprit-il, je vous promets de venir vous dire adieu avant de m'embarquer pour la France, ce qui aura lieu dans trois mois. Vous êtes de bonnes gens, et j'aurai du plaisir à vous revoir.

Et le zouave embrassa sans façon la jeune mère et son nourrisson ; il distribua à tous les Kabyles présents des poignées de main énergiques, puis il regagna la colonne française.

Trois mois s'écoulèrent, pendant lesquels le moulin fut administré provisoirement par le frère de la jeune veuve.

Celle-ci semblait fort triste depuis le départ de celui qui l'avait secourue si à propos ; chaque soir elle s'installait à la porte du moulin allaitant son enfant et songeant, les yeux fixés du côté d'Alger.

Beaucoup de jeunes gens admiraient la beauté de Sarah la meunière ; beaucoup convoitaient la veuve et son moulin.

Elle avait refusé tous les prétendants.

On s'étonnait fort dans le village, car il était bien connu que ce n'était pas par attachement pour le défunt qu'elle en agissait ainsi.

Filles et garçons, hommes et femmes, étaient d'accord pour affirmer que le meunier ne méritait ni une larme ni un soupir de regret.

Que pouvait donc attendre la meunière ?

Un soir que Sarah rêvait devant sa porte selon sa coutume, elle aperçut un uniforme français et jeta un cri de joie.

C'était le zouave qui revenait.

Il fut reçu par Sarah et son frère avec la joie la plus vive.

Les premiers jours se passèrent en réjouissances et en festins ; le zouave apprécia fort les talents culinaires de la gentille veuve.

Le troisième jour il parla de repartir ; mais Sarah lui fit promettre de rester encore un mois.

— Ma foi ! s'était dit le zouave, on vit bien ici : le couscoussou d'agneau et les confitures de figues n'ont rien de désagréable ; cette charmante petite Sarah me soigne comme ferait une sœur : je reste. Il avait souri affectueusement à Sarah, et il était descendu faire un tour près des meules. Le frère de la meunière réparait un rouage. Avant d'être soldat, le Parisien avait fait son apprentissage de mécanicien ; il aida le meunier qui fut émerveillé de son adresse. Le zouave n'en resta pas là ; voulant autant que possible être agréable à ses hôtes, il améliora le moulin, dont il perfectionna le mécanisme. En quelques semaines, il le transforma si bien que de toutes parts on accourut voir les merveilles opérées par le Français. Les meuniers des environs lui firent des propositions magnifiques pour qu'il consentît à réparer leurs établissements. L'un d'eux même lui proposa sa fille pour femme. Il réfléchit à cette offre. — On gagne gros, songeait-il, à ce métier de meunier ; ces Kabyles sont de bons garçons. En France, je resterais simple ouvrier ; je puis devenir dans ces montagnes un riche propriétaire. Ma foi ! si la fille de ce brave homme me convient, je l'épouse. Ah ! si elle ressemblait à Sarah ! Tout en faisant cette réflexion, il leva la tête et il aperçut la jolie veuve tout en pleurs. — Qu'est-ce que tu as ? lui demanda-t-il. — Tu vas te marier, répondit-elle ; voilà la cause de mes larmes. Si tu veux demeurer parmi nous, pourquoi ne pas habiter ce toit, qui t'a reçu le premier. T'ai-je déplu ? n'as-tu pas ce qu'il te faut ? Tout ce qui est ici t'appartient. Puis la meunière ajouta : —Tu ne connais pas la femme que l'on veut te donner, elle est laide.

— Rassure-toi, répondit le zouave ; je n'épouserai pas celle que l'on me propose ; j'aime une autre femme.

— Laquelle ?

— Toi.

La jeune veuve rougit beaucoup et cessa de pleurer.

Huit jours plus tard, le mariage fut conclu.

Le Parisien, quand vint l'épreuve du tir, se signala par un coup superbe. Il lança une orange en l'air et la perça d'une balle. Cette prodigieuse adresse lui assura aussitôt la considération des guerriers. On le nomma amin (maire). Garçon intelligent, il établit une raffinerie sur les côtes de la Provence, acheta les huiles de la montagne, les fit épurer par son usine et les expédia par toute la France.

Il devint bientôt millionnaire.

Maintenant il a quitté le commerce et s'est fait planteur ; il possède une ferme modèle, et quand le chemin de fer traversera ses concessions, il quadruplera ses richesses. Pour le moment il élève trois mille porcs tous les ans ; on peut juger par là de l'étendue de ses propriétés.

Sa femme, qu'il adore, lui a donné quatre petites filles charmantes ; ce sont des types ravissants comme en produit généralement le mélange du sang français et du sang indigène.

Dans le prochain chapitre nous dirons ce qu'est *l'Arabe* proprement dit.

LES ARABES

On désigne généralement sous le nom d'Arabes les tribus de pasteurs qui campent dans les plaines de l'Algérie. Cependant les véritables Arabes, ceux qui vinrent d'Asie au huitième siècle, forment la minorité de cette population. Longtemps avant eux, il existait dans l'Afrique septentrionale des peuplades qui vivaient sous la tente, élevaient de nombreux troupeaux et se battaient à cheval. Salluste a dépeint ces nomades sous le nom de *Numides,* donnant celui de *Gétules* aux gens des montagnes.

Quand les premiers musulmans d'Asie envahirent le Mogreb, ils soumirent les Numides, puis, comme leurs mœurs avaient une grande analogie avec celles des vaincus, ils s'établirent au milieu d'eux, sans toutefois se fusionner complétement. Ils formèrent une aristocratie féodale et militaire, qui donna des chefs aux douars. Les membres de cette noblesse se nomment *djouads.*

Les vrais Arabes sont donc, par rapport aux Numides,

ce qu'étaient les Francs du moyen âge par rapport aux Gaulois.

Il y a beaucoup de ressemblance dans la constitution physique des deux races : nobles et plébéiens ont le buste court; les jambes, les bras et le cou très-allongés; le visage très-ovale, le crâne en pain de sucre (disent nos soldats); le nez en bec d'oiseau de proie, les pommettes saillantes, l'œil noir et d'un éclat extrême. Un signe caractéristique, c'est que le gras du mollet est placé sur le côté et même presque par devant le tibia.

Chez les nobles, la main est fine, le pied petit, le teint d'un blanc mat, le front élevé; beaucoup acquièrent de l'embonpoint.

Dans le peuple, les extrémités sont lourdes et disgracieuses, le front est couvert, le teint est bistré.

Pour bien comprendre la situation actuelle des tribus arabes, il est nécessaire de dépeindre leur état avant la conquête.

Il y avait, d'une part, l'aristocratie toute-puissante; de l'autre, la plèbe misérable. Les djouads s'étaient arrogé tous les droits possibles sur le bas peuple, qui se trouvait, par rapport à eux, dans la situation des serfs vis-à-vis des seigneurs du moyen âge.

Les Arabes nobles ont sur la plèbe une supériorité physique et morale qu'il est juste de constater : ils sont d'une bravoure individuelle qui va souvent jusqu'à la plus folle témérité. En 1839, une des redoutes françaises voisines du Kiss fut bloquée par les indigènes; un cavalier, se détachant seul du camp des assiégeants, lança son cheval à toute bride, l'arrêta court à quinze pas des fossés, lâcha un coup de feu et repartit au galop sous une grêle de balles. Son retour fut salué d'acclamations enthousiastes par les siens ; cet accueil l'exalta au point qu'il renouvela une seconde fois sa manœuvre audacieuse. Par miracle il ne fut pas touché. Nos soldats, furieux de leur maladresse, commencèrent par envoyer à tous les diables cet adversaire intrépide, puis, entraînés par l'admiration, ils joignirent leurs bravos à ceux des indigènes.

Malgré leur bouillante valeur, les cavaliers arabes, quel que soit leur nombre, n'ont jamais pu tenir contre une charge des nôtres. Ceci vient de ce qu'ils n'ont ni l'instinct de la cohésion, ni le sentiment de la solidarité ; leurs courages ne sont jamais montés au même degré, les efforts sont isolés ; leurs combats se composent d'une série d'engagements fougueux, tentés subitement par des groupes détachés. Chez nous, au contraire, chaque soldat réagit sur son voisin, les têtes et les cœurs s'exaltent à l'unisson, les forces de l'individu sont décuplées par l'influence magnétique de la masse, et chaque élan est marqué par un ensemble admirable. Il ne faudrait pas attribuer à la discipline cette différence entre les deux peuples ; c'est une affaire de tempérament. Nos volontaires, nos conscrits de quinze jours se distinguent par une entente inhérente au caractère national, tandis qu'Abd-el-Kader, après dix ans d'exercices sérieux avec des instructeurs capables, n'a jamais pu obtenir de ses réguliers à pied ou à cheval une charge d'ensemble.

La générosité est une des qualités des djouads, une générosité fastueuse, insultante, qui fait sentir le bienfait. L'Arabe oblige non pour rendre service, mais pour en tirer vanité ; il aime la louange ; sa langue est la plus riche du monde en flatteries hyperboliques. Un Kabyle à qui vous sauvez la vie vous dit : Merci ! et à l'occasion se fait tuer pour vous ; un Arabe auquel vous donnez un cigare baise vos bottes, vous compare à Dieu, au soleil, à la lune... et il vous tire un coup de fusil dès que vous avez le dos tourné. Pour en finir avec l'aristocratie, nous dirons que chez elle il y a un peu d'honneur ; on y tient quelquefois son serment par vergogne. Cependant il ne faudrait pas trop s'y fier. Comme la loyauté d'un Arabe n'existe qu'à la surface, il a mille détours jésuitiques pour éluder une promesse.

Un cheick de la plaine de Rio-Salado vint un jour pour acheter un cheval sur le marché d'Oran. Il en trouva un à son gré et le marchanda. Mais le propriétaire ne voulait le céder qu'à un prix considérable. Quand un Arabe désire un cheval, il vendrait ses femmes et ses enfants pour l'obtenir. Le cheik offrit tout l'argent qu'il avait apporté et proposa au vendeur de venir chercher le reste dans son douar.

— Jure sur le Coran de me donner le surplus, dit le propriétaire du cheval.

— Je le jure, répondit le cheik.

Et le coursier lui fut adjugé et livré.

Quand le vendeur se présenta, le cheik le reçut avec tous les égards possibles et lui offrit la diffâ (festin) d'hospitalité ; le lendemain, il lui fit compter ce qu'il lui devait.

Le vendeur se retirait enchanté.

— Un instant; dit le cheik, tu vas me signer par devant le cadi (juge) l'attestation que j'ai fidèlement exécuté mes promesses.

Le vendeur consentit avec empressement.

Quand il eut terminé cette formalité, le cheik fit venir un chaouch (bourreau) qui se présenta le yatagan au poing.

Alors, changeant de ton, il dit à son hôte :

— Maintenant que je suis dégagé de mon serment, je te déclare que tu es mon prisonnier, et que si dans quarante-huit heures toi ou les tiens vous ne m'avez pas remboursé le prix du cheval, plus cent douros, ta tête tombera.

Il fallut bien s'exécuter.

Cependant parmi les *djouads* il y a de beaux caractères ; quelques-uns, après nous avoir vaillamment combattus, se sont donnés à nous, et ils ont servi notre cause avec fidélité et dévouement. D'autres ont tenu jusqu'au dernier moment pour leur émir Abd-el-Kader.

Si l'on trouve quelques qualités chez les nobles arabes, on ne rencontre dans le peuple que les vices les plus dégradants, résultat forcé de son ignorance et de son abrutissement : voleur, menteur, fainéant, sale, sans dignité et fanatique, il supportait le joug de l'aristocratie avec une résignation stupide et une lâcheté incroyable.

Il ne savait rien disputer à ses maîtres.

Quoique fort jaloux, il n'a jamais résisté à l'homme puissant qui exigeait, soit sa femme, soit sa fille. S'il y a eu des cas de vengeance, ils sont très-peu nombreux.

3

Disons à l'honneur du beau sexe que parmi les femmes arabes il y a eu quelques Judith, entre autres Sara-Benta-Davora, de la tribu des Angades. Fiancée à un jeune homme de son douar, elle fut enlevée par ordre de l'agha d'Ousda, qu'elle poignarda héroïquemen pendant la fête qu'il donna le jour de son arrivée. Les gens d'Ousta, qui sont de race mauresque, enthousiasmés de son courage, la choisirent pour chef. Elle ne voulut plus épouser son fiancé, qui n'avait pas su la défendre. Cette Judith fut quelque peu Barbe-Bleue : elle eut successivement cinq maris. Toutes les fois que son époux voulait s'emparer du pouvoir, elle s'en débarrassait par le fer ou le poison. Ces leçons ne servirent qu'au sixième, qui sut se tenir modestement dans son rang de prince consort. S'il a existé des Judith dans les tribus arabes, il n'y a jamais eu de Brutus ; on ne cite aucune tentative d'affranchissement ; la plèbe algérienne n'a jamais aspiré après la liberté dont elle ignore même le nom.

Autrefois un roturier ne parvenait pas aux dignités.

Depuis notre conquête, beaucoup de grandes tentes ayant lutté contre nous ont été privées de leurs commandements, que l'on a donnés à des gens de basse condition ; c'est un grand pas de fait dans la voie de l'égalité, et c'est un grand exemple pour les plébéiens, qui se relèvent peu à peu de leur avilissement : la génération actuelle est déjà meilleure. Un Arabe se fâche sérieusement aujourd'hui de l'épithète de voleur, qui eût fait sourire son père d'un orgueil légitimé par les mœurs de l'époque.

Aujourd'hui l'Algérie est divisée en territoires civils et en territoires militaires ; les premiers sont administrés par des préfets ; les délits y sont jugés par la police correctionnelle, les crimes par la cour d'assises. Peu à peu tout le pays sera organisé ainsi.

Les territoires militaires sont ceux qui, n'étant pas assez parfaitement soumis, sont administrés par les officiers des bureaux arabes, et où la justice est rendue en matière criminelle par les conseils de guerre. Sous ces deux régimes on a conservé les titres d'agha, de caïd, de cheik ; mais, outre qu'ils peuvent être portés par des plébéiens, les fonctions et les attributions en sont bien changées. Les titulaires sont tout simplement des administrateurs nommés par nous. Nous avons brisé la féodalité, et le jour approche où nous pourrons constituer la propriété. Alors plus de fellahs, plus de khamsas, plus de chemmâas ; les serfs seront des citoyens.

Déjà tout Arabe sait qu'il est homme, et que les hommes sont égaux de par la loi de France. Nous n'avons peut-être pas encore l'affection des tribus, mais, à coup sûr, nous avons leur estime. En voici la preuve. Depuis 1857, on leur a laissé la liberté de choisir, pour les procès en matière civile, entre la justice arabe, que nous avons laissé subsister, et la nôtre ; ils ont toujours préféré celle-ci. Bien mieux ! ils s'adressent souvent à un simple caporal commandant un détachement pour décider entre eux. Mais aussi, c'est que la justice musulmane est la plus *injuste* de la terre.

Elle est rendue, pour les affaires importantes, par un medjelès, qui correspond au tribunal de première instance chez nous : pour les cas ordinaires, par le cadi, sorte de juge de paix.

Le medjelès se compose de plusieurs cadis, d'adels, (juges), et d'un basch-adel (président) ; plus un khaoudja (greffier) ; le tout plus digne du nom de saraigs (voleurs) que de celui de magistrats. Ces gens-là sont de vils coquins qui ont forcé notre gouvernement à rendre un décret par lequel tout Arabe pourrait en appeler de leurs décisions à celles de nos juges. Il a été prouvé cent fois qu'ils étaient payés par les deux parties.

Un détail en passant : toutes les fois qu'à l'audience un des plaignants voyait le juge incliner en faveur de son adversaire, il portait la main à sa barbe, ce qui voulait dire :

— J'offre un douro de plus.

Tous les Arabes connaissent ce signe conventionnel. Qu'on juge par là de la moralité des adels.

Le cadi, qui en même temps enregistre les actes et les contrats, est censé prendre ses décisions en vertu du Coran ; mais il vend sa conscience au plus offrant. La vénalité de ce magistrat, doublé de notaire, est si connue, qu'on ne se présente jamais devant son tribunal sans lui avoir rendu auparavant une visite où l'on a cherché, par des présents, à le disposer en sa faveur. Les merles blancs sont moins rares que les cadis intègres ; ils mettent littéralement la justice à l'enchère. Deux officiers du bureau arabe s'étant déguisés en Arabes, allèrent trouver un cadi l'un après l'autre, prétendant avoir un différend à vider.

Le premier qui entra chez le digne homme lui offrit dix douros pour le mettre dans ses intérêts.

— Ton adversaire, qui sort d'ici, m'en a déjà proposé quinze, répondit l'honnête magistrat ; donne-m'en vingt et je trouverai dans le Coran un verset favorable à ta cause.

De l'autre officier, il exigea tout autant. On lui fit administrer une volée de coups de bâton, on le destitua et on le remplaça ; mais, en pareille circonstance, on change malheureusement trop souvent *son cheval borgne pour un cheval aveugle.*

Le châtiment du bâton, *m'ghzâal* en arabe, aboli depuis quatre ans, était fort commun en Algérie. On a d'autant mieux fait de l'abolir, que les indigènes redoutent beaucoup plus les amendes que les coups, par lesquels ils ne se croient pas déshonorés.

Un Anglais, en voyage dans la régence, avait à son service un Arabe qui commit un délit sur un marché ; séance tenante, le délinquant fut condamné par le cadi à recevoir vingt coups de *m'ghzâal* applicables sur-le-champ. Si la justice musulmane n'est pas souvent *juste*, du moins elle a le mérite d'être expéditive : *sitôt pris, sitôt battu* !

L'Anglais, prévenu de ce qui se passait, et sachant que toute peine afflictive peut se racheter pour de l'argent, offrit de payer vingt douros, afin d'épargner à son serviteur le douloureux supplice dont il était menacé.

— Maître, dit l'Arabe, tu veux dépenser vingt douros pour moi, n'est-ce pas ?

— Oui, répondit l'Anglais.

— Donne, alors. — L'Anglais remit la somme à l'Arabe, qui, se tournant vers les chaouchs (bourreaux), leur dit :

— Allez, vous autres !

Il reçut sans broncher les vingt coups de bâton sur le dos.

Le chaouch est le digne exécuteur des sentences prononcées par le cadi en matière criminelle, des ordres de mort donnés par ses chefs en matière politique. Il cumule les fonctions d'espion et de bourreau !.... Eh bien ! non-seulement ce personnage n'est pas exécré, mais il est honoré, respecté, recherché et aimé.

D'ordinaire, le chaouch trouve peu de cruelles, c'est le Lovelace des douars. Comment résister aux galanteries d'un homme qui coupe si adroitement une tête ?

La race arabe est si féroce (y compris le beau sexe), que le sang la fascine ; aux yeux d'une femme, la bravoure ne suffit pas à un guerrier, il faut qu'il soit cruel ; alors il a la chance de plaire.

— Que veux-tu ? demande un jeune homme à sa fiancée dans une chanson arabe : des colliers de perles, des anneaux d'or, des bracelets d'argent ?

— Non, non, répond-elle.

— Que veux-tu ? des émeraudes, des chapelets d'ivoire, des coupes de marbre ?

— Non, non. Les émeraudes que je veux, ce sont les yeux verts des guerriers angades ; les chapelets que je veux doivent être faits de leurs ossements ; les coupes que je veux, sont leurs crânes vides !...

Autre trait de férocité :

Les Arabes ont de petits ânes, vaillantes bêtes qui, depuis le soleil levé jusqu'au soleil couché, trottent sans cesse, chargées de fardeaux écrasants. Leurs maîtres ont soin d'entretenir sur leurs flancs une plaie saignante, dans laquelle ils introduisent un bâton pointu chaque fois que le malheureux baudet fait mine de ralentir sa course.

Ô société protectrice des animaux! traverse bien vite la Méditerranée, et fais appliquer la loi Grammont sur la terre d'Afrique!

L'Arabe passe à tort pour être calme; il n'y a pas un être qui crie, qui gesticule, qui s'emporte plus que lui.

Sur les marchés indigènes, il est impossible de s'entendre; on s'y dispute, on s'y bouscule, on s'y bat avec une rage incroyable; on se croirait au milieu de fous furieux.

Deux Arabes qui causent semblent prêts à s'entre-dévorer. Seulement, comme les indigènes sont très-paresseux, ils ont de longues heures de somnolence; mais la fainéantise n'est pas la gravité; le lazzarone napolitain a une réputation bien méritée de turbulence, ce qui ne l'empêche pas de faire des siestes prolongées sur les marches des palais. Ainsi de l'Arabe.

Comme nous l'avons dit en parlant des Kabyles, les marabouts arabes forment une caste. De même que les lévites hébreux, ils descendent d'une même souche : Lalla Fatma, fille du prophète. C'est une aristocratie religieuse, dont les membres prennent le titre de cheûrfas. Ils sont toujours en lutte avec les djouads, noblesse militaire, lutte sourde, mais vivace. Presque toujours le chapelet du marabout triomphe du yatagan des guerriers. Ces marabouts sont des jongleurs d'une rare habileté ; grands charlatans, ils font des miracles à la douzaine, et ils parviennent ainsi à établir leur influence sur la foule imbécile. Puisque nous en sommes à l'article religion, relevons un préjugé. On croit que les Arabes fument beaucoup, il n'en est rien ; les Maures, gens très-relâchés dans la pratique du Coran, abusent du tabac ; mais les Arabes le regardent comme une chose défendue.

Quand, par hasard, dans les tribus, on trouve un fumeur, il possède, en fait de pipe, un os de mouton creusé qu'il cache dans sa ceinture, et dont il n'use guère que loin des regards de ses coreligionnaires.

Le vin et le porc sont prohibés plus sévèrement encore que le tabac ; en cas d'infraction, le coupable avait autrefois la tête tranchée.

Le Coran ordonne cinq ablutions par jour et autant de prières. Voici le *Credo* musulman :

La Ilah Ll'ah, Mohammet rasoul L'lah.

Dieu est Dieu, Mahomet est son apôtre.

Le chrétien qui a le bonheur de connaître ces quelques mots peut se tirer de bien mauvais pas, à moins toutefois qu'il ne soit de la pâte dont on fait les martyrs.

Un prisonnier français fut épargné parce qu'il s'était mis à réciter le *Credo* en arabe. Les marabouts, instruits du fait et charmés de la conversion d'un roumi, le firent traiter le mieux possible ; on le bourra de couscoussou aux olives, de confitures et de galettes ; en même temps, par l'intermédiaire d'un interprète, on l'instruisit dans la vraie foi (toutes les religions s'intitulent la vraie foi).

Le fantassin ne fit aucune difficulté pour croire que Mahomet recevait les communications du ciel par l'intermédiaire d'une colombe ; qu'il faisait des voyages au paradis sur une jument ailée, etc., etc.

La perspective d'avoir quatre épouses lui souriait même beaucoup.

Malheureusement, une colonne française, envahissant la tribu, le réintégra dans sa compagnie.

Un autre soldat, prisonnier aussi, s'était sauvé en criant : Allah ! allah ! Mais le pauvre garçon était décoré. On voulut le forcer à cracher sur sa croix ; il s'y refusa et fut mis à mort.

Le rhamadan est le carême musulman. Il est extrêmement rigoureux ; on ne peut boire ni manger qu'après le soleil couché. Par exemple, la nuit, on est libre de se dédommager de toutes les abstinences du jour.

En cas de mort, le Coran prescrit de laver le corps, de l'envelopper d'un suaire, et quelques autres minuties semblables. Un marabout accompagne le cadavre jusqu'au cimetière en récitant le Coran. Pour que les cadavres ne soient pas déterrés par les chacals et les hyènes, on place sur les tombes d'énormes pierres sur lesquelles les parents du défunt viennent s'agenouiller parfois pour prier. L'usage veut que l'on enfouisse dans les tombeaux quelques pièces de monnaie ; quand le mort est un chef, la somme est parfois importante.

Dans un cimetière abandonné depuis longtemps, des soldats d'un camp voisin étaient venus chercher des pierres pour construire des gourbis ; au fond d'une fosse ils trouvèrent la valeur de dix ou douze mille francs en or.

Sur les tombeaux des marabouts illustres, on élève de petites chapelles, que l'on appelle des koubas, et qui deviennent des lieux de pèlerinage, où les malades se rendent de dix lieues à la ronde pour demander la santé au saint qui repose en cet endroit. Tout autour de ces ermitages on aperçoit des *ex-voto* déposés par des bonnes gens qui attribuent leur guérison aux os du mort. Sur ce point, les Arabes sont d'une crédulité qui dépasse les limites de l'absurde.

Le premier fourbe venu les dupe facilement.

Un interprète résolut d'exploiter la sottise des indigènes ; il parlait très-purement leur langue et les connaissait à fond. Il acheta une boîte de physique amusante, plusieurs paquets d'allumettes chimiques, des verres grossissants, une lunette d'approche et de la poudre de perlimpinpin. Muni de cet appareil et affublé d'un burnous, il s'enfonça dans le Sahara, où il se donna comme un grand prophète. Quand il eut brûlé avec ses lentilles la peau de plusieurs incrédules, quand il eut fait flamber devant leurs yeux ébahis quelques allumettes, alors inconnues dans le désert ; quand il eut, grâce à sa lunette, montré à dix pas ce qui était à cent, on cria au miracle, on le proclama saint parmi les saints, on lui voua un culte. Il se monta un sérail magnifique ; les femmes se disputaient l'honneur d'y entrer. Il vendit fort cher ses amulettes et ses recommandations auprès du bon Dieu. Bref, il fit fortune.

Seulement une chose le contrarie fort, c'est la privation du vin. Il a pris le parti de venir en boire à Alger, où nous avons eu l'honneur (ce n'est pas trop dire en parlant d'un saint!) de le rencontrer en train de faire ses confidences à un de nos camarades du 2ᵉ zouaves, lequel a pris le parti d'aller le rejoindre après l'expiration de son temps de service. Il se trouve fort bien de sa résolution, et il aide l'ex-interprète à préparer les boulettes sacrées, les philtres et les pilules dont il régale les naïfs Bédouins.

Robert-Houdin est allé en Afrique pour montrer aux indigènes que les prétendus miracles de leurs prêtres n'étaient que des tours de passe-passe. Nous avons questionné un cheick pour connaître son opinion sur notre célèbre prestidigitateur. Ce cheick sortait émerveillé d'une de ses séances.

— Eh bien! lui demandâmes-nous, qu'en penses-tu?

— Le diable est fin et Robert ben Houdin aussi, nous répondit-il.

— Qu'entends-tu par là?

— Que nos marabouts opèrent leurs prodiges par la vertu de Dieu, et les vôtres par celle du démon.

Et voilà tout le fruit que notre homme avait tiré de la leçon : Robert-Houdin faisait des miracles de par Belzébuth. Les mêmes causes engendrent partout les mêmes effets.

Le fanatisme a produit chez nous la secte des convulsionnaires et les scènes étranges du cimetière Saint-Médard. En Algérie, il inspire une folie bizarre à un certain nombre de sectaires. On nie maintenant que les convulsionnaires aient pu recevoir des coups de bûche sans être assommés, se soient laissé enfoncer des fers rouges dans la chair sans sourciller ; cependant, à des époques fixes, les convulsionnaires musulmans font des choses tout aussi merveilleuses.

Réunis dans une grande salle, ils forment une chaîne, qui va toujours tournant de plus en plus vite ; peu à peu ceux qui la composent s'animent, s'agitent, se démènent comme des possédés, hurlent d'une façon effrayante, puis tombent dans un état de catalepsie, entremêlé de crises nerveuses.

On peut alors les frapper, les pincer jusqu'au sang, les brûler sans qu'ils aient l'air de s'en apercevoir. Dans leurs accès de fureur, ils tordent des barres de fer énormes, ils se disloquent bras et jambes, de façon à désespérer les saltimbanques émérites, et ils broient sous leurs dents du verre qu'ils avalent. Ceux qui croient au magnétisme s'expliquent cela sans trop de difficultés ; ceux qui n'y croient pas prétendent que c'est du charlatanisme.

Pour éclaircir la chose, des médecins français devraient bien assister à ces séances et démêler le faux du vrai.

Comme ces convulsionnaires ne cherchent pas à faire de prosélytes, on se demande dans quel but ils feraient des simagrées.

La Chine a ses fumeurs d'opium, l'Algérie a ses fumeurs de kiff, qui forment des clubs et qui ont des cafés spéciaux. Le kiff est la graine d'une certaine espèce de chanvre ; il produit des hallucinations qui, au dire des connaisseurs, sont plus fantastiques que celles de l'opium. L'ivresse du vin est fade à côté de celle-là ; nous ne conseillons à personne l'usage du kiff, mais qu'il nous soit permis de dire que les rêves d'or, les visions poétiques de ceux qui en usent sont préférables au sommeil de plomb des ivrognes. Fumer du kiff, c'est se vouer à une mort certaine et rapprochée.

Puisque nous avons parlé des gens en train de devenir fous, passons à ceux qui le sont tout à fait.

En Algérie on les appelle les maabouls.

Les indigènes ont pour ces malheureux un grand respect ; ils disent que l'esprit de Dieu les a visités.

Un maaboul fait tout ce qu'il veut ; il boit du vin, mange du porc, ne jeûne pas. Voyant tous les avantages dont jouissent les maabouls, il y a des gaillards intelligents qui singent la folie pour se permettre une foule de licences. Il y a même des femmes qui usent de ce moyen pour s'affranchir de toute contrainte.

Pendant l'expédition de 1859, un soldat du train, qui avait trop largement fêté Bacchus, se mit en tête de prendre tout seul un village kabyle. Il quitta le camp français vers minuit, et, tout en titubant, se dirigea vers un douar, apostrophant les Kabyles et tirant des coups de mousqueton. Les montagnards crurent qu'ils avaient affaire à un fou et ils le laissèrent passer. Il entra dans la mosquée y décrocha une lampe allumée, fit un discours aux Kabyles ébahis et s'en revint avec sa lampe au camp français, où il tomba au milieu d'un avant-poste.

— Qui vive ! cria la sentinelle un peu étonnée.

— C'est bien, c'est bien, répondit le soldat du train,

il n'y a pas besoin de faire tant d'histoires. On peut s'aller coucher sous la tente et retirer les grand'gardes, j'ai arrangé l'affaire avec les Kabyles. Nous nous sommes battus comme des enragés et je les ai vaincus. Pour lors ils payent et se soumettent. Allez le dire au général.

L'officier ne comprenant rien aux divagations de l'ivrogne, le fit coucher et dormir. Le lendemain on vit arriver des parlementaires kabyles, qui offrirent dix douros pour rentrer en possession de leur lanterne, laquelle était l'objet sacré. Alors seulement on comprit ce qui s'était passé. Le soldat du train, lui, ne se souvenait de rien.

Outre les fous, il y a les possédés du djenoûn (démon); ce sont les malheureux qui sont atteints de cette mystérieuse maladie que nous appelons l'épilepsie.

Aujourd'hui, les Arabes sont persuadés que les épileptiques sont au pouvoir du djenoûn (diable) et ils les regardent comme des êtres maudits. Le Coran contient des versets pour exorciser les possédés; mais les talebs (savants) refusent de les réciter, parce que, disent-ils, le djenoûn une fois sorti sauterait sur eux.

Il ne faut pas trop rire de ces pauvres Bédouins? Les paysans de quelques-unes de nos provinces sont quelque peu Arabes, et ce ne sont pas les marabouts qui leur manquent.

Les villages arabes se composent d'un certain nombre de tentes en poil de chameau, rangées en cercle; de là le nom de douar (cercle).

Ces tentes sont très-vastes et se subdivisent en deux parties séparées par un rideau très-épais : l'une destinée aux hommes, l'autre aux femmes ; ce dernier côté est un véritable harem ; défense est faite à tout autre que le mari d'y entrer sous peine de mort. L'ameublement d'une tente est fort simple, même chez les plus riches ; il se compose de nattes et de tapis sur lesquels on s'assoit et on dort (les lits sont inconnus). Les selles et le harnachement des chevaux gisent dans un coin ; les vêtements, les bijoux et les ustensiles de ménage sont enfermés dans des coffres disposés de façon à être chargés sur des mulets à la première alerte ; les provisions que l'on destine à un usage immédiat sont disposées dans des couffins ; le reste est enfoui dans des silos. Si par hasard un Arabe possède quelque chose qui puisse le gêner dans une migration forcée, il l'enterre avec son grain. Nos soldats ont un talent tout particulier pour découvrir ces cachettes, dissimulées pourtant avec beaucoup d'art ; ils ont pour cela une baguette magique : celle de leur fusil. Ils en frappent le sol dans tous les endroits suspects, et, quand ils entendent un bruit sourd, ils creusent, certains de trouver une *conserve alimentaire*. Dans la retraite de Constantine, de si triste mémoire, notre colonne aurait bien plus souffert de la famine, si les zouaves n'avaient pas su fouiller les silos.

Les attaques imprévues étaient si fréquentes avant notre arrivée et pendant la période de la conquête, qu'une tribu se tenait toujours prête à fuir vers le Sahara. En cas de surprise, les guerriers sautaient sur leurs chevaux et couraient au-devant de l'ennemi, tâchant de l'arrêter ; les femmes chargeaient les bêtes de somme et les pâtres rassemblaient les troupeaux ; le convoi filait en toute hâte, et quand il avait gagné une avance suffisante, les guerriers le rejoignaient. Le lendemain, plus de traces de la tribu. C'est là ce qui a rendu la guerre si difficile. Lorsque les guerriers s'aperçoivent qu'ils ne peuvent tenir contre les assaillants, ils détachent un des leurs vers les guides du convoi, qui mettent au plus vite les femmes, les enfants et les troupeaux à l'abri dans des grottes ou dans des ravins : puis, par une feinte habile, ils attirent l'ennemi loin de ces refuges en faisant retraite sur un point opposé. C'est le capitaine Simoun qui le premier découvrit ce stratagème. Un jour il apprit dans un camp d'observation, voisin du Maroc, qu'un de ses soldats avait été assassiné, les espions désignèrent le douar auquel appartenaient les coupables; mais déjà toute la tribu faisait ses préparatifs de départ. Il n'y avait pas une minute à perdre. Le capitaine n'avait sous ses ordres qu'un escadron de chasseurs d'Afrique et sa compagnie.

Les chasseurs d'Afrique sautèrent en selle ; les zouaves sans sacs, les suivirent, se tenant à la queue des chevaux pour aller plus vite. Au bout d'une heure de trot, la fusillade commença, puis la charge, puis la mêlée, qui fut effrayante; les zouaves, secondant les chasseurs, s'étaient jetés au milieu des cavaliers arabes et éventraient les chevaux à coups de baïonnette ; impossible de résister à un choc aussi furieux ! Le cheik lui-même courut à toute bride vers le convoi qui emportait les richesses du douar, laissant les siens entraîner l'escadron français dans une autre direction. Les zouaves voulaient les suivre, mais leur capitaine, qui avait remarqué le départ du cheik, les lança sur sa trace. On arriva sur le bord de la mer, où l'on s'aperçut que le sol avait été foulé par une troupe nombreuse, mais on chercha en vain l'endroit où elle avait pu trouver un refuge. Le temps pressait ; à peine restait-il vingt hommes au camp pour le défendre, et pourtant le convoi était là, dans quelque caverne.

Il vint une idée lumineuse au capitaine Simoun !

— Vite, un Parisien, demanda-t-il.

— Voilà, capitaine, répondit un zouave

— Place-toi là, sur cette falaise ; penche-toi le plus possible... bien. Maintenant imite le chant du coq.

Le zouave obéit. Comme le capitaine Simoun s'y attendait, les coqs de la tribu, que les ménagères n'avaient pas oubliés, se mirent à répondre au zouave, qu'ils prirent pour un confrère. Il fut facile alors de découvrir, au flanc des falaises, une grande excavation, où les Arabes se cachaient.

On recueillit un immense butin...

Les douars sont protégés par une ceinture de broussailles épineuses, épaisses de plusieurs pieds et entassées à hauteur d'homme : c'est un rempart infranchissable, qui n'a qu'une seule entrée, sur laquelle veille jour et nuit une meute affamée. Les chiens arabes, comme leurs maîtres, sont divisés en deux races ; les souloughis (lévriers) forment l'aristocratie, et les kelbs (roquets), la plèbe. Sous les tentes il n'y a que ces deux variétés de l'espèce canine.

Les kelbs, plus courageux que les serfs arabes, se révoltent à chaque instant, et comme les guerres civiles sont les plus terribles, il en résulte des batailles acharnées où le ventre des vainqueurs sert de tombe aux vaincus.

Autre cause de querelles. Autant de tentes, autant de familles de chiens, et chaque famille déteste sa voisine à ce point que la tendresse même ne peut étouffer la haine ; on ne contracte des alliances que parmi les siens. On conçoit que les *casus belli* soient fréquents ; un os, un empiétement de territoire, un rien, et voilà le douar sens dessus dessous ! Les Arabes, impassibles, assistent tranquillement à ces combats, et ils gardent la neutralité la plus dédaigneuse. Ceci vient du profond mépris qu'ils ont voué à la race canine, impure selon eux ; le chien n'obtient jamais ni une caresse ni un regard d'affection. Ce n'est ni un ami, comme chez nous, ni un compagnon fidèle. Pourquoi ? Parce que l'Arabe n'estime aucune des qualités de cet intéressant quadrupède, qui a fait dire :

« Ce qu'il y a de meilleur dans l'homme, c'est le chien ! »

Cela ne prouve pas en faveur des Bédouins.

La nuit, la meute fait bonne garde ; elle aboie sans discontinuer ; pour voir de plus loin, elle grimpe sur les tentes, et là exécute un concert assourdissant. Les Arabes dorment malgré ce sabbat, auquel ils sont habitués, comme les meuniers au tic tac du moulin.

Certaine nuit, une jeune femme française, amenée de la veille prisonnière dans un douar, dut son salut à cette ennuyeuse coutume qu'ont les chiens de sauter sur les tentes ; vers minuit, pendant que tout le monde sommeillait, excepté elle, la meute faisait vacarme au-dessus de sa tête. Sans doute le voisinage d'une hyène guettant sa proie mettait les Cerbères en fureur. A force de s'agiter, ils fatiguèrent l'étoffe, qui n'était pas des plus neuves ; puis tout à coup, un kelb ayant eu à se plaindre de quelque procédé indélicat d'un souloughi, il engagea avec lui une lutte à laquelle tous les chiens de la tribu crurent devoir prendre part. L'engagement le plus chaud eut lieu sur le sommet de la tente, qui tout à coup se déchira, laissant tomber les combattants sur le propriétaire endormi.

Celui-ci, réveillé en sursaut, sentit sous sa main le poil fauve d'un animal. Il sortit au plus vite de sa tente en criant : Sbah ! sbah ! Le lion ! le lion !

Il arrive souvent que le lion, envahissant un douar, prend son élan pour franchir la haie, et retombe ainsi sur une tente, qui s'effondre.

Dans le premier moment d'effroi, au cri poussé par l'Arabe, une véritable panique s'empara de tout le douar. La Française en profita pour s'évader. Elle fit cinq ou six lieues, et rencontra heureusement un parti de cavalerie française au petit jour. Le plus drôle de l'aventure, c'est que les chiens ayant évacué la tente, les Arabes ne surent pas s'expliquer ce qui était arrivé. Ils prétendent aujourd'hui que le djenoûn (démon) est venu enlever la prisonnière française en fendant la tente d'un coup de sa griffe, et le propriétaire affirme avoir reconnu l'esprit malin à son poil, piquant, dit-il, comme celui d'un hérisson.

Depuis cette époque, ce pauvre homme est devenu un peu fou :

La Française tient maintenant un débit de tabac là, où elle est fort connue.

Il semble impossible, en apparence, qu'un voleur puisse s'introduire la nuit dans un douar sans laisser sa peau aux épines des broussailles et sa chair aux crocs des chiens. Cependant les vols et les assassinats sont très-fréquents. En Afrique, les malfaiteurs se divisent en trois catégories : 1° le saracq, qui exploite les marchés le jour et procède comme nos filous, et les *pickpockets* anglais ; 2° le coupeur de route, qui s'embusque sur un sentier, attend les passants et les détrousse ; 3° les brouillards, bandes de brigands nocturnes (*svga*, en arabe). Ce mot peint admirablement les précautions dont ces bandits s'entourent.

Voici comment ils parviennent à se glisser dans les villages, pendant l'obscurité ; un des leurs, se plaçant au vent, s'approche à cinq ou six cents mètres des tentes et attire sur lui l'attention des chiens, qui se rassemblent tous du côté où ils le sentent. Comme ils hurlent aussi fort pour une mouche que pour un lion, comme toute la nuit ils font un sabbat infernal, on ne prend pas garde à leurs aboiements. Pendant ce temps, les autres voleurs se glissent, en rampant contre le vent, vers l'enceinte particulière réservée au troupeau, et là ils s'emparent de ce qui leur convient le mieux. Pour se faire suivre des bêtes qu'ils ont choisies, ils leur distribuent des poignées de sel, dont ils ont soin de se munir.

Il y a eu des brouillards redoutables, composés de cavaliers qui attaquaient audacieusement les douars, et même nos postes détachés. Sous la domination turque, où les deys et les beys ne s'inquiétaient guère de faire la police, ces brouillards furent très-nombreux. A mesure que nous avons étendu les limites de nos possessions, nous les avons détruits. Quelque cent ans avant notre arrivée, il y eut un certain Mohammet, nègre par la couleur et bandit par état, qui se fit un grand renom. Il avait rassemblé cent guerriers environ autour de lui, et il exploita alors avec eux les environs de Nemours, alors Djemmââ Maghazouët. Une grotte des Traras lui servait de repaire et contenait ses richesses. On raconte de lui des traits d'audace et de ruse qui doivent le mettre au-dessus des Mandrins et des Fra Diavolo dans l'esprit de ceux qui admirent les coupe-jarrets.

Il attira, dit-on, l'agha de Nedromah et cinq ou six cents de ses cavaliers dans un défilé très-étroit dont les pentes sont à pic. Sitôt que l'agha et les siens y furent engagés, une mine éclata, bouchant de ses débris l'entrée de la gorge, fermée à sa sortie par un bûcher énorme qui flambait. Entre un mur de pierre et un rideau de feu, les cavaliers de Nedromah furent écrasés par les blocs que les bandits leur lancèrent du haut des crêtes. A la suite de ce massacre, Mohammed devint agha de Nedromah, c'est-à-dire roi d'un petit royaume, et, s'il faut en croire la tradition, la ville n'eut qu'à se louer de son gouvernement.

Aujourd'hui, grâce à l'admirable police organisée par les bureaux arabes (que nous sommes loin d'approuver dans tous leurs actes, pour le passé surtout), la plus grande sécurité règne en Algérie, sauf, bien entendu, sur les territoires nouvellement conquis. Toutes les routes sont surveillées par des postes indigènes fournis par les douars voisins, auxquels on inflige une amende de cent mille francs pour tout Européen assassiné ou dévalisé. Aujourd'hui on peut sans crainte aller d'Oran à Alger, isolé et à pied : une route de cent lieues !

Nous avons parlé de la vénération des Arabes pour les marabouts ; le respect qu'ils ont pour les médecins est encore plus grand. Messieurs les docteurs indigènes ne brillent pourtant ni par le savoir ni par l'habileté ; ils ordonnent au hasard les plus bizarres remèdes ; par exemple : suspendre le malade par une jambe et par un bras ; lui frotter les tempes avec les plumes d'une poule noire, etc., etc., le tout accompagné de prières et de simagrées.

Quand ils coupent une jambe ou un bras, ils arrêtent le sang en appliquant sur la plaie de la terre glaise, et ils n'ont pas d'autre emplâtre que celui-là. Notre arrivée a porté un grand coup au crédit de ces charlatans ; les indigènes viennent de fort loin consulter les chirurgiens de nos régiments. Un médecin français qui s'établirait dans une tribu serait sûr de faire une fortune rapide et d'être très-considéré. Si loin qu'il allât dans les terres, il ne courrait aucun danger.

LA FEMME ARABE

ET LA FEMME MAURESQUE.

Nous avons précédemment émis comme possible l'idée d'une fusion entre ces montagnards et nos colons; avec les Arabes, avant longtemps le mélange des races est impossible : il y a incompatibilité d'aptitudes, de caractères et de mœurs. Cette différence est surtout tranchée dans tout ce qui touche à la femme, à laquelle l'Arabe refuse une âme ; c'est, selon lui, un être inférieur. Toute femme qui n'a pas conservé jusqu'à la mort de son mari l'affection de celui-ci, ne va pas dans le paradis du prophète. L'Arabe pratique la polygamie autant que ses ressources le lui permettent ; pour lui, la femme n'est ni une amie, ni une compagne, ni même une maîtresse. Il la méprise profondément, la croit incapable de fidélité, la surveille avec une défiance sans cesse en éveil et une jalousie sauvage. Au moindre soupçon, il la frappe. Dans sa jeunesse, il la considère comme une esclave agréable ; mais, dès que ses charmes sont flétris, il la condamne aux travaux les plus pénibles, l'accable de mauvais traitements, la nourrit à peine, la force à servir la femme plus jeune qu'il a achetée pour la remplacer. On conçoit ce que doit être la femme en général, d'après la façon dont elle est traitée. Elle ne connaît ni l'honneur conjugal, ni les vertus domestiques, et n'est accessible qu'à un seul sentiment, la crainte de son seigneur et maître.

La liberté, dont les Européennes jouissent, est pour es Arabes une cause perpétuelle d'étonnement; c'est le sujet de leurs conversations, de leurs sarcasmes.

Du reste, la conduite de leurs épouses et de leurs filles justifie trop leurs suppositions peu flatteuses pour les nôtres. En effet, la plupart des femmes arabes s'ingénient à trouver les moyens de tromper leurs maris ; toutes celles d'une même tente se protégent mutuellement pour arriver à ce résultat. En apparence, pourtant, l'infidélité est impossible. Le chef d'une tente dort dans le compartiment voisin de celui où l'amoureux doit s'introduire ; son yatagan et son pistolet sont à portée de sa main ; au moindre doute, il veille ; au moindre bruit, il s'élance, et les deux coupables sont punis de mort sur-le-champ. Mais si un Arabe aime passionnément, rien ne saurait plus l'arrêter.

Comme en Espagne, c'est la femme qui indique l'heure et le lieu des rendez-vous. D'ordinaire, ce sont de vieilles négresses qui s'acquittent du rôle de duègne. Un couple amoureux, en Afrique, n'a rien à redouter des médisances et des révélations. Toute parole imprudente de la part des hommes serait punie par l'amant d'un coup de poignard ; quant aux femmes, elles ont trop besoin du silence de leurs compagnes pour les trahir.

En Algérie les passions sont délirantes, féroces même. Une femme arabe qui veut prouver son amour se perce le bras de part en part avec un poignard ; l'amant en fait autant ; puis tous deux trempent leurs lèvres dans le sang.

Dans ces amours étranges, il n'y a pas la moindre

tendresse, partant plus d'affection dès que la beauté de la femme est flétrie. Il est facile d'expliquer maintenant pourquoi plusieurs épouses peuvent vivre sous la tente d'un seul mari sans mésintelligence. Rarement une jeune fille épouse l'homme qu'elle aimerait; aussitôt qu'elle le peut elle lui est infidèle. Peu lui importe donc la faveur du maître. Mais si une rivale lui a enlevé cet amant, malheur à elle! Elle la tue, soit par le fer, soit par le poison.

Les Arabes achètent leurs femmes. Le taux ordinaire est cinq cents francs. Quand il s'agit d'une beauté rare, il faut pour l'épouser verser entre les mains de son père trente, cinquante et jusqu'à cent mille francs.

Une jolie fille est souvent une cause d'embarras.

Un certain Abd-el-Kader avait une enfant ravissante nommée Meriem, dont les onze ans allaient sonner : c'est l'âge où les femmes se marient en Afrique.

Un certain soir, Abd-el-Kader faisait des réflexions agréables, en songeant à la somme qu'il exigerait de celui qui prétendrait à la main de Meriem. Tout à coup il crut apercevoir une tête se glissant sous sa tente. Il voulut crier, mais sa langue se collait à son palais, ses dents s'entrechoquaient d'effroi : cette tête était celle d'un homme, et l'homme était un bandit qui avait pénétré dans le douar sans éveiller l'attention des chiens.

Il se dressa demi-nu, armé jusqu'aux dents, devant Abd-el-Kader.

— Tu as une fille, n'est-ce pas? dit-il.

— Oui, répondit Abd-el-Kader.

4

— Je viens la chercher de la part de Sidi Soufok, mon maître.

— Sidi Soufok le bandit! s'écria Abd-el-Kader avec terreur.

— Sidi Soufok, le roi des chemins! dit le brigand avec fierté.

Abd-el-Kader aurait voulu refuser, mais il n'osait pas ; il était dans un grand embarras.

Soudain on entendit du bruit dans le douar ; puis un homme entra dans la tente.

— Lequel de vous deux est Abd-el-Kader? demanda-t-il avec arrogance.

— Moi, répondit celui-ci.

— Je suis le chaouch de l'agha Sidi Mustapha, qui m'a donné ordre de ramener ta fille, dont il veut orner son harem.

Avant qu'Abd-el-Kader eût pu répondre, un taleb (savant) pénétra à son tour dans la tente.

— Abd-el-Kader, dit-il, réjouis-toi devant Dieu. Le marabout Sidi Amsa, dont je suis l'humble disciple, te fait le grand honneur de choisir ta fille pour femme.

Abd-el-Kader s'inclina.

— Messeigneurs, dit-il, vous m'honorez fort, sans doute ; mais de vous trois personne n'a parlé d'argent.

— De l'argent! s'écria le chaouch, tu as de l'audace. Si tu refuses de me livrer Meriem, tu ne périras que de ma main. Tel est l'ordre de mon seigneur et maître.

— Cadour (cher), dit à son tour d'un air sournois le taleb, il ne faut pas se brouiller avec le ciel. Mon maître est un grand saint qui sait tout. Tu as bu du vin avec les Français de Tlemcen, et c'est un crime. Si tu n'apaises pas la colère du prophète en donnant ta fille à Sidi Amza, tu seras lapidé.

— Allah! Allah! je suis perdu! pensait Abd-el-Kader. Et le bandit, que va-t-il dire, lui?

Mais le bandit avait disparu, emmenant Meriem et les chevaux du chaouch et du taleb...

C'était un homme bien avisé.

Trois jours après, l'agha et le marabout, unissant leurs rancunes, condamnaient le père de Meriem à périr sous le bâton... Le chaouch avait commencé à exécuter la sentence, et le taleb récitait des versets du Coran.

Heureusement Sidi-Soufok, à la tête de ses brigands, vint délivrer Abd-el-Kader, dont il fit plus tard un caïd.

Les mariages des grands seigneurs sont accompagnés de réjouissances publiques et de fantasias qui sont les tournois de l'Orient; les Arabes excellent dans ces jeux guerriers, au milieu desquels il déploient une fougue et une adresse surprenantes.

Rien de plus splendide qu'une troupe de trois ou quatre mille cavaliers aux costumes étincelants simulant un combat au milieu d'une vaste plaine. La fusillade éclate vive et nourrie; un rideau de fumée s'élève au-dessus du champ de bataille; le cri de guerre retentit rauque et puissant; du choc des armes jaillissent des étincelles; les coursiers se cabrent, la crinière hérissée et les naseaux sanglants; la scène est illuminée par l'éclair des détonations, et les guerriers, le yatagan au poing, le burnous flottant au gré du vent, au milieu des nuages de poussière soulevés par leur course folle, passent rapides et superbes! Parfois la fête est complète et le sang coule à flots.

Un agha de Tlemcen, voulant se débarrasser de deux tribus puissantes, les convia à une fantasia; il les savait ennemies.

Il fit venir le cheick de la première tribu et lui dit :

— Je te conseille de te tenir sur tes gardes; ton rival a ordonné à ses gens de mettre des balles dans les fusils.

— Bien! répondit le cheick, nous ferons comme eux.

A l'autre cheik, l'agha fit la même confidence.

Il en résulta une bataille acharnée, au milieu de laquelle l'agha fit charger par ses cavaliers les deux tribus à la fois.

C'est à peine si quelques hommes échappèrent à ce massacre; trois jours plus tard, l'agha recevait en pleine poitrine une balle envoyée par une main inconnue.

C'était probablement celle d'un survivant.

Les Maures sont les descendants des différents colons Mèdes, Perses, Phéniciens, Grecs et Romains qui tour à tour ont peuplé les villes de l'Algérie; tous ces débris fondus ensemble ont formé la race la plus belle du monde Chez les hommes, les traits sont aussi fins, aussi réguliers que ceux des Circassiens, et ils ont plus de noblesse et de pureté; le buste est élégant, la taille cambrée, le teint d'un blanc mat, d'une distinction extrême, et les yeux noirs ont un éclat métallique qui illumine le visage de vifs reflets.

Chez les femmes, le regard adouci filtre à travers des cils longs et soyeux; il brille, mais discrètement, *comme le ver luisant sous l'herbe des prairies, comme l'étoile scintillante dans l'azur du ciel* (poésies d'Abd-er-Rhaman).

Le Maure porte la sedria (veste orientale) et le souroual (large pantalon turc) aux plis majestueux. Un turban s'enroule gracieusement autour de sa tête ; un riche cachemire entoure sa taille, et ses pieds sont chaussés de babouches. Sur le tout est jeté un burnous de soie, rejetté très-coquettement sur l'épaule.

Le costume des femmes est à peu près le même ; mais un haik les enveloppe, ne laissant voir que le haut du visage, et le pantalon descend jusqu'à la cheville.

Bien plus que les Arabes, les Maures furent les conquérants de l'Espagne ; à eux seuls revient l'honneur de l'avoir transformée en un jardin immense, d'avoir produit une brillante pléiade de savants et de poëtes, d'avoir fondé des villes de marbre et des palais féeriques, c'est à eux et non aux Arabes, guerriers farouches et grossiers, que l'on doit attribuer l'état de civilisation avancée des royaumes de Grenade et Cordoue ; sans eux, l'Algérie serait devenue tout à fait barbare. Refoulés par les chrétiens de l'autre côté du détroit de Gibraltar, ils ont repeuplé les villes que les nomades avaient laissées désertes. On leur doit Tlemcen, Blidah, Dellys, Nedromah et tant d'autres cités charmantes qui dorment à l'ombre des orangers et des oliviers de leurs vergers fertiles et que baignent les eaux limpides de l'Atlas.

Amoureux des plaisirs et du luxe, les Maures sont fort relâchés dans la pratique du Coran ; ils boivent des liqueurs fermentées, et ils fument sans scrupule, laissant les marabouts crier en vain au scandale dans les mosquées désertes; ils aiment la bonne chère, ils adorent la musique et sont pour les femmes d'une galanterie chevaleresque. Mais ils ont perdu cette bravoure qui les rendit jadis si redoutables à l'Europe, et ont subi le joug des Turcs sans même essayer de lutter; il est vrai que c'est plutôt par insouciance, que par lâcheté.

Ils se regardent comme en exil sur la terre d'Afrique, et ils en ont pris philosophiquement leur parti. Ils sont presque tous riches, et ils passent leur vie fort gaiement à *chanter, danser, rire et boire*; un interprète très-distingué leur a traduit quelques-unes de nos chansons célébrant le vin, le jeu et les belles, et elles ont obtenu un grand succès; depuis quelque temps le champagne même commence à être en faveur dans les harems.

Les Mauresques fréquentent les dames françaises ; peu à peu elles gagnent de la liberté; elles en profitent très-patriotiquement pour subjuguer les vainqueurs de leur pays. Du reste, avant notre arrivée, elles ne passaient déjà pas pour des modèles de vertu conjugale.

Les Maures possèdent de grands biens aux environs des villes ; ils les font cultiver par des nègres et des Kabyles; ceux qui n'ont pas de terre sont commerçants, ou ils exercent quelque métier peu pénible. En somme, ils éprouvent pour nous une sympathie qui facilitera l'assimilation ; les notabilités fréquentent les bals et les soirées de notre société d'élite ; les hommes sont des Antinoüs, et les femmes des Vénus de Milo ; les deux sexes se tiennent pour fort honorés d'une alliance française, et comme tout se termine par des mariages, us croyons qu'avant peu les deux races n'en feront l'une.

LE JUIF.

Le juif algérien a deux aspects bien différents, selon u'on l'envisage dans ses rapports avec ses coreligionnaires ou dans ses relations avec le reste de l'humanité.

Dans le premier cas, il est affable, complaisant, honnête et serviable; dans le second cas, il est avare, sournois et désobligeant.

Il faut, du reste, lui rendre cette justice, qu'il est ce que les Arabes l'ont fait. Ceux-ci le méprisaient sous prétexte qu'il manquait de bravoure, et le haïssaient par jalousie; car, grâce à son adresse, et malgré les vexations dont on l'accablait, le juif trouvait moyen d'amasser des trésors. Il avait même monopolisé entre ses mains le commerce de la régence.

Le fanatisme des musulmans leur inspira contre les israélites des persécutions aussi cruelles et aussi révoltantes que celles dont les chrétiens les accablèrent chez nous au moyen âge. Aujourd'hui, ces parias des villes algériennes sont devenus les égaux de leurs oppresseurs, et ils ne conservent contre eux ni haine ni rancune. Leur sort s'est singulièrement amélioré depuis notre conquête, leur caractère aussi. Quelques-uns cherchent bien encore à nous tromper à l'occasion, mais, en général, ils nous ont voué une vive reconnaissance. Ils nous sont très-attachés, et, au besoin, soutiendraient notre autorité de toutes leurs forces. Pendant le siége d'Oran par Abd-el-Kader, ils ont fait preuve de dévouement à notre égard.

Ne craignant plus d'être dépouillés par les aghas et les beys, ils étalent un grand luxe. Lorsqu'on aperçoit une veste éblouissante de broderies d'or sur le dos d'un promeneur, on peut affirmer que ce promeneur est un négociant israélite. Nous avons assisté à une fête splendide donnée par un Juif. On ne fait pas mieux les choses à Paris.

Les Arabes sont furieux d'être écrasés par la magnificence des israélites, et ils nous reprochent de les fréquenter. On n'a pu encore obtenir, même des plus intelligents, qu'ils regardassent les juifs comme leurs égaux; et cependant ils avouent qu'ils descendent du même père Abraham, pour lequel ils ont une vénération profonde.

Mais le fanatisme ne raisonne pas, et les préjugés ne sont pas basés sur la logique.

Quant au reproche de lâcheté adressé aux juifs par les Arabes, nos soldats, qui sont bons juges, savent combien il est mal fondé.

Le juif n'a pas précisément la bravoure militaire; mais, dans certaines circonstances, il affronte le danger avec audace et sang-froid; quand son intérêt est en jeu, par exemple, il devient intrépide. Une compagnie de zouaves escortait un convoi de vivres; un marchand juif avait obtenu la permission de profiter de l'escorte pour amener des provisions à la colonne française. Le convoi

t vigoureusement attaqué par les Arabes et coupé même
ur certains points. Le juif se trouva seul un instant au
ilieu de plusieurs cavaliers ennemis qui cherchaient à
'emparer de ses mulets ; il saisit le fusil d'un zouave
lessé, éventra cinq chevaux et tua trois Arabes.

Ces actes d'énergie ne sont pas rares dans l'histoire
de la conquête : la défense du mechouar de Tlemcen,
par exemple, est un fait d'armes des plus glorieux pour
les juifs de cette ville.

Nous ne croyons pas qu'il y ait au monde des commerçants plus hardis que les juifs algériens ; on les
trouve partout. Sans eux, nos soldats auraient eu à subir
bien des privations ; souvent une colonne cernée a été
ravitaillée par un juif qui, au péril de sa vie, avait traversé les lignes ennemies.

En revanche, le marchand juif abuse quelquefois de
la situation, quand il n'a pas pour excuse un grand danger affronté. Mais les zouaves mettent bon ordre à ces
prétentions exagérées.

Un certain juif fit entrer un jour dans une redoute, où
ils tenaient garnison, sept ou huit cents pains dont il
exigea trois francs la livre.

C'était à prendre ou à laisser.

Ils achetèrent au juif jusqu'à la dernière bouchée de
pain, et le soldèrent intégralement.

Le juif comptait rentrer à Tlemcen le soir même.

Mais tout à coup on entendit une vive fusillade en
dehors de la redoute. Les avant-postes se replièrent,
annonçant que les cavaliers d'Abd-el-Kader couraient la
plaine. Il ne fallait point songer à sortir du fort.

Vers le soir, le juif eut faim ; il voulut racheter un de ses pains. Le zouave auquel il s'adressa lui demanda seize cent quarante-deux francs. Le juif trouva l'exigence un peu trop forte, et s'adressa à d'autres zouaves, qui demandèrent exactement le même prix. Le juif haussa d'abord les épaules; mais, vers minuit, il commença à s'inquiéter : il mourait de faim et ses mulets aussi.

A chaque instant les coups de fusil retentissaient dans la plaine, attestant que les Arabes étaient là, coupant toute communication. A l'aube, il fallut bien céder et payer.

— Va, lui dit un zouave, ça met encore ton pain à un franc la livre ; nous sommes raisonnables. Tu peux partir maintenant.

— Mais les Arabes ? demanda le juif.

— Lesquels ?

— Ceux qui tiraient cette nuit des coups de feu ?

— C'étaient des Beni-Mouffetard qui faisaient la fantasia pour t'effrayer un peu et te forcer à rendre gorge.

Le juif comprit alors le tour qu'on lui avait joué.

Les juifs algériens ont le don des langues : ils parlent tous les dialectes des États barbaresques. Au début de la conquête, ils ont rendu de grands services comme interprètes.

Les femmes juives sont admirablement belles, et, sous le rapport du sentiment et de l'intelligence, elles sont supérieures aux hommes. Dans les gynécées, elles ont échappé au joug abrutissant des Arabes ; elles portent le costume national, comme du temps de Salomon ; elles ont des robes de soie sur le devant desquelles étincellent des perles et des diamants, ce qui convient parfaitement à leur beauté majestueuse.

Ce sont peut-être les seules femmes de l'Algérie qui, les Françaises exceptées, aient de la délicatesse dans le cœur et de la finesse dans l'esprit.

En résumé, la race juive nous a été et nous sera encore d'un puissant secours pour coloniser et civiliser l'Algérie.

Un grand pas sera fait le jour où les négociants juifs seront bien convaincus que le commerce sérieux doit avoir pour base la plus scrupuleuse honnêteté.

Les rabbins, qui, au contraire des marabouts musulmans, sont presque tous des hommes supérieurs, devraient prêcher cette doctrine dans les synagogues; leur voix serait écoutée. Malheureusement les rabbins se laissent parfois entraîner, par un zèle religieux mal entendu, à des prédications ardentes, qui ont pour résultat d'éveiller outre mesure la susceptibilité de leurs coreligionnaires. Vers Pâques, dans une ville que nous ne voulons pas nommer, il y eut une sorte d'émeute à propos d'une rixe entre chrétiens et israélites, et, sans la présence d'esprit d'un zouave, peut-être le sang eût-il coulé.

Les israélites s'étaient mis en tête de délivrer un des leurs enfermé dans un poste; ils voulaient, au nombre de deux ou trois cents, forcer la consigne.

La sentinelle, au lieu de les repousser à coups de baïonnette, eut l'heureuse idée de prendre les calottes dorées (c'était jour de fête) de ceux qui étaient les plus proches, et de lancer ces riches coiffures au loin dans la foule ; chaque juif courut à la recherche de sa toque, et l'affaire n'eut pas d'autres suites.

Du reste, c'est peut-être là le seul exemple d'une révolte, et encore était-elle de peu d'importance.

LE VANDALE.

On sait que les Vandales, à la suite de leur roi Genseric, envahirent l'Algérie, qu'ils mirent à feu et à sang Aujourd'hui, on retrouve les descendants de ces féroces conquérants dans le pâté de montagnes qui sépare nos possessions algériennes du Maroc. Ils vivent là, sous le nom de Beni-Snassen (enfants maudits), aussi sauvages, aussi sanguinaires que leurs ancêtres. Indépendants du Maroc, et échappant à notre pouvoir, puisqu'ils sont au delà de la frontière, ils ne reconnaissent d'autres chefs que ceux qu'ils se choisissent. Ils occupent un massif très-élevé de l'Atlas, semé de ravins et hérissé de rocs, une citadelle naturelle de trente lieues de tour, défendue par dix mille cavaliers et vingt mille fantassins. En 1859, nos soldats, revenant d'Italie, donnèrent l'assaut à cette forteresse formidable et l'enlevèrent ; mais il fallut déployer autant de vigueur et de courage qu'à Solferino et à Magenta.

Jusqu'alors les Beni-Snassen n'avaient pas payé le tribut.

Avant notre arrivée, ils étaient la terreur de la province d'Oran. A l'époque des moissons, leurs cavaliers se rassemblaient sur les plateaux, puis ils descendaient sur les plaines voisines avec le fracas d'une avalanche ; sur leur passage ils broyaient toute résistance, amoncelaient ruines sur ruines, pillaient, saccageaient, incendiaient, et s'en retournaient chargés de butin dans leurs villages, laissant derrière eux une longue traînée de feu et de sang. Pour protéger les tribus amies, nous avons élevé les redoutes de Sebdou, de la Maghrinia et de Nemours, entre lesquelles sont établis des camps retranchés. Plusieurs fois la cavalerie Beni-Snassen vint se faire mitrailler sous nos canons et constata son impuissance.

Les Beni-Snassen durent renoncer aux grandes razzias, mais ils ont adopté une autre tactique. Ils envahissent notre territoire pendant la nuit, par bandes peu nombreuses, se donnent rendez-vous sur un point, et de là, au nombre de deux ou trois cents, vont attaquer les douars.

Leur point central est ordinairement le ravin de Djemmaa-Maghazouët. C'est une gorge de deux lieues, qui conduit de Nedromah à Nemours. Elle a été formée par un tremblement de terre qui a fendu une montagne de la base au sommet. Les traces du cataclysme sont encore visibles. Des blocs de granit, tordus par un effort gigantesque, se dressent les uns sur les autres avec une hardiesse de pose prodigieuse ; des grottes profondes sont creusées au flanc du ravin, un ruisseau coule au fond, et ses rives, plantées de lauriers-roses et bordées de pelouses verdoyantes, forment un riant contraste avec l'aspect sauvage du site. C'est le plus pittoresque de tous les paysages que nous avons parcourus. La nuit, c'est un passage extrêmement dangereux.

Un chasseur de Nemours, parti le soir pour l'affût du sanglier, et installé dans le lit du ruisseau, entendit un bruit léger dans le sentier qui longeait son embuscade. Il vit s'avancer un chouaf (espion). Nu-pieds et l'œil aux aguets, il dirigeait une bande qui le suivait de près. Le chasseur compta trente-trois guerriers ; ils passaient si près de lui, qu'il sentait l'air agité par leurs burnous.

Deux heures après, un douar était en flammes.

Une autre fois, un lieutenant du bureau arabe, escorté par dix spahis, traversait ce même ravin. Il remarqua sur sa gauche un buisson dont les feuilles s'agitaient, quoiqu'il n'y eût pas la moindre brise.

Il mit le sabre à la main, et cria : En avant ! à ses spahis. Il leur fallut se faire une trouée sous une grêle de balles.

Les buissons étaient garnis de Beni-Snassen embusqués, au nombre d'au moins deux cents.

A chaque instant de pareils faits se renouvellent.

Les Beni-Snassen sont très-hospitaliers, mais seulement pour les déserteurs. Il y a chez eux des transfuges de toutes les peuplades qui habitent le nord de l'Afrique.

Quand un criminel qui fuit la justice arrive dans leurs douars, on lui donne un burnous, un fusil et de la poudre. Avec cela, il doit se procurer en pays ennemi tente, femme et troupeaux. Véritables pirates de terre, les Beni-Snassen sont traités comme tels, jugés et exécutés sommairement. Le plus célèbre de leurs chefs fut un certain sidi Moufok, dont le nom figura au procès du lieutenant Doineau.

Ce sidi Moufok descendait de Lalla-Maghrenia, une sainte fort révérée dans le pays. Il nous fit une guerre acharnée, à la tête d'une centaine de bandits de la pire espèce.

Pendant plusieurs années, il échappa à toutes nos poursuites, et se signala par des vols et des meurtres audacieux. Il dévalisa, dans la même nuit, trois villages des environs de Tlemcen, et l'on ne sut jamais comment il s'y était pris pour y pénétrer, car des murailles entouraient ces villages, et les portes closes étaient gardées par la milice. Enfin, il tomba en notre pouvoir et fut fusillé.

Les Beni-Snassen ont quelques notions de tactique. Nous avons remarqué, dans une expédition, qu'ils faisaient usage de lignes de tirailleurs, et que leur infanterie était massée. Ils ne redoutent pas le canon, et se ruent sur nos batteries avec fureur. En 1854, ils ont failli nous enlever deux pièces de montagne. Ils osent charger à l'arme blanche, et nos soldats les considèrent comme les plus braves de leurs adversaires.

Il y a beaucoup d'Espagnols parmi eux : cela tient à ce que les colons espagnols jouent volontiers du couteau dans leurs querelles, et que, pour éviter les suites d'un assassinat, ils prennent le chemin des montagnes des Beni-Snassen.

Si l'on parvient à conquérir définitivement la contrée qu'habite cette farouche peuplade, le meilleur moyen de les faire renoncer à leurs habitudes de pillage sera de les enrôler dans les spahis et dans les turcos. Autrement ils se résigneraient difficilement à travailler pour gagner leur vie. Dans les régiments indigènes, il nous rendraient de grands services.

LE NÈGRE.

Le nègre algérien est un grand enfant qui raisonne peu ou point, rit toujours, chante à tue-tête, saute à toutes jambes, est dévoué à son maître, auquel il vole ses mouchoirs et ses bottes, mais dont il respecte la bourse jusqu'à concurrence de vingt sous. Il est gourmand, menteur et paresseux par tempérament ; mais, à l'occasion, il déploie des qualités rares. Quand il se décide à travailler, les plus rudes labeurs ne l'effrayent pas ; il supporte si gaiement la souffrance, il est si stoïque dans la mauvaise fortune, si brave dans le danger, qu'il semble ne pas en avoir conscience. Il est adroit sans être intelligent, féroce sans être cruel, naïf sans être sot ; il imite dans la perfection, mais il est incapable de rien créer ; il a des colères amusantes, des tendresses touchantes, des vengeances implacables ; c'est un colosse avec un cœur de femme et une tête d'enfant. Il est libre de par la loi depuis notre arrivée, et il ne sait que faire de sa liberté ; il est devenu le domestique des Français après avoir été l'esclave des Arabes.

Son ambition est satisfaite quand il a sur le dos une belle livrée dorée sur toutes les coutures ; alors il passe de longues heures à s'admirer dans les glaces de son patron, et à rire avec satisfaction en se voyant si bien accoutré. Il ne demande pas de gages et ne sait pas trop ce que c'est; seulement, quand il a envie d'acheter quelques bijoux de clinquant, il dérobe une pièce de menue monnaie à son maître. On le réprimande, il rit; on le frappe, il pleure; il jure de ne pas recommencer, et, une demi-heure après, il s'empare d'une paire de lunettes ou d'un foulard. En somme, il est moins ruineux que tel valet blanc, car ses larcins sont insignifiants. Humble sans bassesse, soumis sans servilité, il n'a rien du laquais européen.

Tenté par le magnifique uniforme des turcos, le nègre se fait volontiers soldat. Il est propre, *astiqué et ficelé* comme le plus pimpant des voltigeurs; son fourniment reluit tout noir comme son visage; il porte son fusil avec majesté, il a pour son arme une vénération profonde.

Rien n'est plus amusant que d'entendre un nègre parler sur un champ de bataille à son fusil. Il lui prête une âme, l'interroge et fait la réponse pour lui.

— Veux-tu tuer à gauche les soldats blancs qui viennent sur nous? Oui. En joue. Pan! ça y est. *Morto*...... Veux-tu recommencer? Oui! Nous allons tirer sur le kébir (chef) à cheval. — *Bono !* il est tombé !.... Veux-tu que je te mette ta dent de fer (*la baïonnette*)? Nous irons mordre dans la chair blanche. Oui. En avant! Et le nègre part au pas de course. Quand il manque son adversaire, il s'en prend à son fusil, il le gourmande, mais toujours respectueusement. Comme soldat, il ne s'inquiète jamais du lieu où il va, ni de l'ennemi qu'il aura à combattre ; pourvu qu'il ait des zouaves dans son corps d'armée, c'est tout ce qu'il lui faut.

Dans toutes les situations, il a la plus grande amitié et la plus vive admiration pour le zouave : militaire, c'est son modèle ; cocher, il met à sa disposition la voiture de son maître ; portefaix, il fait les corvées à sa place ; s'il a de l'argent, il l'invite à boire. D'où vient cette sympathie exclusive ? On ne sait. Il va sans dire que le nègre, quand il est soldat, se bat comme un enragé pour obtenir la croix d'honneur. Mais ce n'est pas pour lui une distinction glorieuse qui flatte l'amour-propre, c'est un bijou qui brille ; il admire les hochets. La médaille d'Italie lui semble préférable à la médaille militaire ; mais celle de Crimée est à ses yeux la plus honorable de toutes, à cause de sa largeur.

Le nègre a une passion bizarre pour les montres ; la montre a quelque chose de mystérieux qui excite au plus haut point sa curiosité : il la touche en frissonnant, il en regarde les rouages avec une terreur comique, il reste en extase devant les aiguilles. Un nègre, pris du désir de posséder une montre, ne rêve plus qu'au moyen de se la procurer ; il fera le possible et l'impossible pour l'obtenir. On en voit quelquefois trente ou quarante devant les magasins d'horlogerie, l'œil à la vitre, la poitrine haletante, les mains jointes, et suivant avec anxiété les mouvements de l'horloger, qu'ils regardent comme un sorcier. S'il vient sur sa porte, ils le saluent jusqu'à terre ; s'il sort, ils l'accompagnent en se parlant tout bas. Quant à le voler, ils n'y songent même pas. Ils le vénèrent trop pour cela.

Un jour, un capitaine de turcos, qui avait une compagnie presque entièrement composée de nègres, se vit repoussé deux fois à l'assaut d'une position ; ses noirs découragés ne voulaient plus marcher à l'ennemi. Il eut une inspiration. Il tira sa montre d'or et leur cria : Elle sera pour le premier qui arrivera là-haut !

La compagnie s'élança avec une fougue indicible, et en quelques minutes se rendit maîtresse de la position.

Les nègres d'Algérie sont originaires du Soudan. Ils ont été introduits dans la Régence par échange et comme marchandise. Les Touaregs ont été les principaux pourvoyeurs d'esclaves avant notre apparition.

Nous avons aboli la traite et l'esclavage de droit ; en fait, tous deux existent encore jusqu'à un certain point dans les tribus éloignées ; mais ce n'est pas notre faute. La loi est parfois longtemps impuissante contre les mœurs.

Les riches musulmans achètent pour leurs femmes des négresses pour servantes. Souvent il arrive que l'esclave leur plaît ; s'ils en ont un fils, celui-ci est considéré comme l'égal de ses frères blancs.

Les Arabes n'ont aucun préjugé contre les mulâtres, ce qui est très-rare dans les pays à esclaves. Ils n'ont du reste, pour les nègres eux-mêmes, aucun dédain. Ils estiment plus un esclave de leur douar qu'un de leurs égaux du douar voisin. Certains nègres sont parvenus à de hautes dignités.

Une des plus riches familles de l'Algérie est celle des Ben-Salem (fils de nègre).

Le nègre est capable des plus beaux dévouements,

malgré ses défauts. Un colon, en tournée dans les tribus pour acheter des laines, avait amené avec lui un serviteur noir. Il emportait des sommes assez considérables, et il croyait avoir quelques bonnes raisons de se défier de son nègre, celui-ci ayant déjà commis plusieurs petits larcins.

Il arriva que le colon, ayant voulu boire un verre d'eau fraîche pendant la chaleur, fut atteint d'une fluxion de poitrine, et mourut à une centaine de lieues du littoral.

Le nègre revint et rapporta à la veuve sept cent trente-deux francs qui restaient dans les sacoches de son patron au moment de sa mort. Puis, comme il s'aperçut que sa maîtresse, grâce à la mauvaise foi des débiteurs de son mari, se trouvait réduite à une gêne voisine de la misère, il s'en alla travailler au port d'Oran, et lui rapporta son salaire.

Neuf mois après, la jeune veuve, bravant courageusement le préjugé, épousait presque malgré lui son ancien serviteur. Il est juste de faire observer qu'il était jeune et aussi beau garçon qu'un nègre peut l'être.

Puisque nous parlons des nègres, disons quelques mots de leur capitale : Tombouctou. On croyait jadis que c'était une cité de cent mille âmes, renfermant des monuments splendides et des richesses fabuleuses. Ce n'est qu'une ville misérable, perdue dans les sables, à deux journées de marche du fleuve Niger ; elle n'a que dix mille habitants, qui sont tributaires des Touaregs et sans cesse rançonnés par eux.

Tombouctou est distant d'Alger d'environ six cents lieues, mais il n'est guère qu'à cent lieues de nos possessions sénégalaises ; on peut s'y rendre par eau en descendant le Niger. Avant vingt ans, nous pourrions y tenir garnison, et être maîtres du commerce de l'Afrique intérieure. Il nous resterait à canaliser le Niger pour avoir une voie de communication facile et peu coûteuse.

Les nègres de Tombouctou professent l'islamisme, mais beaucoup de peuplades voisines adorent des fétiches. Toutes ces tribus sont fanatiques et massacreraient le chrétien qui tenterait de pénétrer sur leur territoire. On sait qu'un intrépide voyageur français, Caillé, est le premier Européen qui soit revenu de Tombouctou ; il se fit passer pour musulman. Depuis lors, quelques Français ont tenté ce long et périlleux voyage, entre autres, un infirmier d'Oran. Ayant fini son temps de service, il partit pour l'intérieur, muni d'une boîte de pharmacie système Raspail. Il alla de douar en douar, exerçant la médecine et récoltant des douros. Il finit par s'établir dans un ksour du Sahara, où il ramassa environ 150,000 francs en cinq ans. Il revint à Alger, y mena une vie de grand seigneur pendant trois ans, et, quand il eut dépensé sa fortune, il repartit pour le désert. Cette fois il a déclaré vouloir pénétrer jusqu'à Tombouctou. On n'a pas encore eu de ses nouvelles.

LE COULOUGLI.

La plupart des Turcs qui vinrent en Algérie n'avaient pas emmené de femmes avec eux ; ils épousèrent des Mauresques ou des femmes arabes. Leurs enfants reçurent le nom de coulouglis.

5.

Les coulouglis sont extrêmement dévoués à la France, qui pourtant les a ruinés par sa conquête. Ils occupent presque tous les petits emplois municipaux, tels que ceux de fontainiers publics, allumeurs de réverbères, etc., etc. Ils font toutes sortes de petits métiers; ils s'occupent fort peu de leur progéniture, qu'ils abandonnent plus ou moins dès qu'elle peut courir. Les places, les bazars, les marchés, regorgent d'enfants qui appartiennent on ne sait à qui, qui logent partout et nulle part, qui vivent on ne sait comment.

On les appelle Ouleds-el-Plaça (*les enfants de la place*). Le jour, ils se tiennent aux abords des cafés ou des restaurants. A-t-on besoin d'un commissionnaire? Ils accourent. Leur donne-t-on un paquet à porter? Ils s'en vont huit ou dix en courant le remettre à son adresse, et ils reviennent de même. On leur jette deux sous ; ils les ramassent, achètent une galette, une tranche de pastèque, et se partagent le tout. Ils tiennent la bride des chevaux, montent les plus rétifs et les domptent ; ils couchent en plein air, et sont toujours propres et coquets, vifs comme des écureuils, espiègles, spirituels, polis et complaisants. Vous laissez un peu de café dans votre tasse ; à peine êtes-vous parti, qu'un ouled-plaça achève de la vider; il prend son gloria en détail, mais peu lui importe. Il fume sa cigarette en ramassant les bribes de tabac éparpillées sur les tables; il est de tous les festins, où il fait l'office de garçon avec beaucoup de dextérité. Son plaisir favori est la promenade en mer et en voiture. Si vous montez dans un canot, il y a toujours un ou deux ouleds-plaças qui ont trouvé le moyen de se glisser jusqu'au gouvernail ; si vous arrêtez le fiacre d'un Espagnol, il y a deux gamins juchés sur le sommet de la voiture, et un autre qui se suspend derrière. Le cocher veut leur donner un coup de fouet, ils ont disparu ; il tourne le dos, ils sont revenus.

Les ouleds-plaças d'Oran, quand les soldats défilent la parade, ont pris l'habitude de se rassembler tous au milieu de la place. Au premier coup de clairon, ils se mettent à danser et à crier comme des démons tant que dure le défilé. On a essayé de tous les moyens pour les empêcher de troubler la parade ; on n'y a jamais réussi. Un jour, ils ont entouré le commandant de place lui-même et ont formé une ronde autour de lui. De guerre lasse, on les a laissés tranquilles.

Il s'engagent presque tous, dès qu'ils ont quinze ans, dans le corps des tirailleurs indigènes. Autant que possible, ils se font clairons ou tambours. Ils adorent le tapage ; dans la guerre, ils ne voient qu'une occasion de faire du bruit, et ne songent à la mort que pour en rire.

Du reste, ils sont aussi Français (ce n'est pas assez dire), aussi Parisiens que les enfants de nos faubourgs. Ils parlent notre langue avec l'accent des titis du boulevard, et emploient leurs locutions pittoresques ; comme eux aussi ils chantent les airs en vogue, et nous sommes sûrs qu'à cette heure le refrain à la mode : *Eh! allez donc, Turlurette...*, retentit dans les rues d'Alger. Quelques ouleds-plaças ont un grain d'ambition ; d'ordinaire c'est l'amour qui le leur donne.

La veuve d'un intendant militaire avait pris en affection un ouled-plaça, et en avait fait son messager favori. L'enfant jouait souvent avec sa fille, une jolie blonde, moins âgée que lui de quelques années. Peu à peu ils s'attachèrent l'un à l'autre; puis, tout à coup, l'ouled-plaça disparut, au grand désespoir des deux Françaises. Cinq ans après, au retour de Crimée, un officier de turcos se présenta chez la veuve de l'intendant : c'était l'ouled-plaça !

Il se fit naturaliser Français, et épousa la jolie blonde.

LES TOUAREGS.

C'est un des types les plus curieux de l'Algérie.

Les Touaregs, peu connus encore, sont ces pillards du désert qui nous coupent le chemin du Soudan.

Leurs tribus, fortes d'environ trente mille guerriers, sont disséminées dans le Sahara, où elles pillent et rançonnent les caravanes qui ne consentent pas à leur payer un impôt, une sorte de droit de passage sur le territoire qu'elles occupent.

Mais les Touaregs ne vivent pas seulement du produit de cette dîme levée sur le commerce.

Le désert, en hiver, se couvre d'une végétation luxuriante, qui permet à ses habitans de nourrir des troupeaux immenses, dont ils tirent du lait et de la laine.

Cette laine est échangée contre du froment sur les marchés du Tell (le Tell est le pays situé entre l'Atlas et la Méditerranée); quelquefois même les Touaregs poussent jusqu'à Alger, où ils se défont avantageusement des plumes d'autruche qu'ils ont recueillies dans leurs chasses.

En outre, le désert est émaillé, à des distances de trente ou cinquante lieues, d'oasis où s'élèvent des villages et des villes, où croissent des palmiers, où coulent des fontaines.

Ces oasis appartiennent en grande partie ou en totalité aux Touaregs, qui les afferment à une race plus paisible qu'eux : les Mozabites.

Ceux-ci, gens tranquilles, bons bourgeois de ces villages sahariens appelés ksours, passent des marchés avec les guerriers touaregs; ils cultivent leurs terres, et pendant l'été, quand le soleil a desséché la verdure, ils nourrissent les troupeaux : en échange, ils partagent les bénéfices par moitié.

Selon la coutume des gens de guerre, les Touaregs méprisent les Mozabites aux mœurs calmes et douces; ils leur donnent une foule de noms insultants répondant à celui de pékins chez nous.

Mais ceux qui manient le sabre ayant besoin de ceux qui manient les instruments aratoires, il en résulte que, à part un dédain réciproque, les deux races font assez bon ménage.

Les Touaregs sont vêtus comme les Arabes : seulement le haïk, au lieu de ne couvrir que les oreilles et le derrière de la tête, enveloppe le visage jusqu'aux yeux.

Ce voile ne sert pas uniquement à arrêter le sable soulevé par le simoun, qui ne souffle que de temps en temps.

Il a une autre destination :

C'est un cache-nez préservatif contre la chaleur, comme notre cache-nez à nous est un préservatif contre le froid.

Il empêche l'air extrêmement chaud du Sahara d'arriver brusquement aux poumons; et il le tamise en quelque sorte.

Pour armes, les Touaregs portent un long fusil et des pistolets; comme presque tous les indigènes, ils préfèrent les batteries à pierre aux capsules.

Il y a une raison à cela.

Les guerriers arabes peuvent toujours se procurer un silex, tandis que souvent les capsules leur manqueraient.

Quand par hasard une carabine française leur tombe entre les mains, ils suppriment la cheminée, qu'ils remplacent par un bassinet.

Cette méthode a de graves inconvénients : les jours de pluie, l'eau humecte l'amorce, qui ne s'enflamme pas. Il est arrivé souvent que des positions formidables furent enlevées sans coup férir par nos soldats, précisément parce que les armes de leurs adversaires étaient hors d'usage.

Les Touaregs se servent aussi d'une longue lance et d'un bouclier; lorsque fusils et pistolets sont déchargés, c'est une chose curieuse de voir deux partis de Sahariens s'élancer la lance au poing et le bouclier au bras.

Ce qui augmente la singularité de ces luttes, c'est que les guerriers sont montés sur des dromadaires d'une espèce toute particulière.

Ces montures bizarres sont capables de faire cinquante

à soixante lieues par jour; on les appelle des maharis, pour les distinguer des chameaux ordinaires, lesquels font tout au plus quinze lieues dans une journée.

Le mahari sert pour le combat; il est très-rare, et vaut un prix considérable.

Les autres dromadaires sont des bêtes de somme.

La nourriture de ces animaux est des plus simples; leur sobriété dépasse celle des ânes; cette qualité, jointe à celle de se passer d'eau pendant huit jours, les rend infiniment précieux aux Sahariens.

La femelle leur donne son lait; du poil, ils tissent leurs tentes et leurs burnous; de la peau ils se fabriquent des sandales.

Sans le dattier et le chameau, le désert serait inhabitable.

Les Touaregs sont-ils des Arabes? Existaient-ils avant les grandes invasions datant de Mahomet? Sont-ils les indigènes, le peuple primitif du Sahara?

Là, il faut se borner aux conjectures.

Nous croyons que longtemps avant Mahomet et les irruptions faites en Afrique par les Arabes de l'Asie, il y avait eu des émigrations de ce peuple vers l'Orient.

Mais un fait certain, c'est que tous les conquérants musulmans, et les hordes qu'ils traînaient à leur suite, sont arrivés dans les Etats barbaresques par le désert.

Selon nous, les Mozabites seraient antérieurs aux Touaregs.

Maintenant que nous connaissons un peu mieux les hôtes que nous envoie le désert, disons ce qu'ils sont venus faire en France.

Placés entre nos possessions d'Afrique et le Soudan, les Touaregs veulent devenir les convoyeurs, les courtiers du commerce immense que nous pouvons établir avec l'Afrique intérieure, baignée par des méditerranées très-vastes, peuplée par soixante millions de nègres qui produisent beaucoup comme culture et comme industrie qui produiront plus encore.

Jusqu'alors, quand une caravane s'aventurait du Soudan vers Alger, Tunis ou Tanger, elle payait un impôt aux Touaregs.

Ceux-ci comprennent qu'un pareil état de choses ne peut durer longtemps avec des voisins comme les Français, qui ont déjà poussé plusieurs pointes dans le Sahara et puni sévèrement les pillards.

Les hommes intelligents de leurs tribus ont pris une initiative qu'on ne saurait trop louer ; au lieu de mettre des entraves au commerce du Soudan, il chercheront désormais à l'augmenter, à le protéger ; et, intermédiaires obligés entre nous et le centre d'un riche continent, ils réaliseront des bénéfices considérables ; aux caravanes ils fourniront leurs dromadaires pour transporter les marchandises ; leurs ksours (villages) deviendront les hôtelleries, ou (pour conserver la couleur locale), les caravansérails de chaque étape à travers le Sahara. De la sorte, au lieu d'être les pirates du désert, ils en deviendront les marins, comme leurs montures en sont les navires selon une comparaison faite depuis longtemps.

Bientôt, à Alger, on pourra lire dans la rue Bab-el-Oued : *Bureau central des messageries sahariennes.*

Ligne de Tombouctou (correspondance pour le Sénégal). Trois départs par semaine : lundi, mercredi, dimanche.

Ligne du lac Tchâd (correspondance pour le Darfour). Un départ par jour.

Ligne de d'Aadar (correspondance pour la Guinée). Deux départs par semaine : mardi et samedi.

Les hommes qui ont conçu cette idée civilisatrice sont des marabouts, c'est-à-dire des prêtres, ou plutôt des saints musulmans.

Car, dans la religion de Mahomet, ce n'est pas par l'effet d'un sacrement qu'on devient apte à exercer le sacerdoce; lorsqu'un homme, par ses vertus, ses lumières et son éloquence, se distingue parmi les croyants, le peuple, d'une voix unanime, lui décerne le titre de marabout.

Du temps de la primitive église, du reste, les évêques étaient élus par les fidèles; tout a bien changé depuis...

Il n'est pas étonnant que, vu la manière dont ils ont reçu l'investiture religieuse, les marabouts exercent en Afrique une autorité illimitée.

Leurs paroles sont des oracles, leurs ordres sont sacrés.

Ceux qui sont à Paris en ce moment, si leur projet est accepté, peuvent très-facilement opérer la révolution dont ils ont conçu l'idée.

Quant aux mesures à adopter, elles sont moins compliquées qu'on ne se le figurerait au premier abord.

Il nous serait facile d'élever, avec le concours des marabouts, une ligne de forts entre Tuggurt, ville française placée au bord du Sahara, et Tombouctou, la cité nègre du Soudan.

Ce que nous avons réalisé entre Tebessa et Zebdou c'est-à-dire de la Tunisie au Maroc, sur les confins du Grand-Désert, nous pouvons certes le réaliser encore.

Grâce aux puits artésiens, qui transformeront bientôt le Sahara en jardin fécond, on peut faire jaillir de l'eau là où l'on veut; avec l'eau, dans ces contrées, on a bien vite créé un centre de population.

Et cette population est toute dévouée à ceux qui, pour elle, renouvelant le miracle de la verge de Moïse, ont créé une source là où il n'y avait qu'un sol aride.

Nous possédons déjà trois régiments de spahis indigènes qui ont rendu d'immenses services.

On en formerait facilement un quatrième qui, recruté parmi les Touaregs, montés sur des méharis, ferait entre les forts la correspondance.

Les spahis n'ont pas la même organisation que les turcos; il ne sont point positivement enrégimentés, mais plutôt embrigadés comme la gendarmerie.

Ils vivent dans leurs tribus, et à tour de rôle vont faire leur jour de service au bureau arabe du cercle auquel ils sont attachés.

C'est quelque chose comme une gendarmerie indigène.

Et, chose singulière, qui prouve que les mêmes causes produisent les mêmes résultats à part le costume et la différence très-superficielle des mœurs et du climat, l'esprit de corps des spahis est bien le même que celui dont les gendarmes sont animés.

Le turco, qu'on a vu à Paris au retour d'Italie, se permet le vin, les liqueurs fortes, des disputes, des rixes, voire même le duel!...

Ni plus ni moins qu'un Européen.

Le spahi est un père de famille, grave, respectable et respecté, honorant Mahomet et son marabout (tant qu'il ne prêche pas la guerre sainte contre les Français, auquel cas il l'arrête avec beaucoup d'égards), élevant ses enfants dans la crainte de Dieu, qui s'appelle Allah en Afrique, et de la loi, représentée par le procureur impérial en territoire civil, par l'officier du bureau arabe en territoire militaire.

En procédant pour les Touaregs comme on a procédé pour les Arabes, on obtiendra bien certainement les mêmes résultats, et leurs spahis seront de vrais modèles.

Il est à remarquer qu'au Sénégal il en est ainsi.

Quant aux puits artésiens, sous le Sahara, à peu de profondeur s'étend une nappe d'eau immense, inépuisable.

Pour l'atteindre, on n'éprouve pas les difficultés qu'il a fallu vaincre quand on a creusé le puits de Passy.

Du reste, les indigènes ont déjà, longtemps avant nous nous, établi des puits dans plusieurs oasis.

Comme ils travaillent au milieu des sables qui s'écroulent à mesure que l'on y fait un trou, ils étançonnent leur ouvrage avec des palmiers.

Malheureusement, les gens du désert, n'ayant aucune idée des lois qui régissent les eaux souterraines, se sont arrêtés à la première nappe, et n'ont obtenu qu'un puits au lieu d'une fontaine jaillissante.

Tout le monde sait que c'est la pression des eaux des montagnes, qui fait s'élever à des hauteurs souvent considérables le jet qui s'élance du sein de la terre, quand la sonde du puisatier a atteint une mer intérieure.

Or, comme le Sahara a ses ravins, ses collines et même ses montagnes, on en a conclu que les lois de la pondération devaient agir sur les pluies, absorbées par les sables, et former des nappes souterraines.

On a tenté un essai qui a réussi. Aujourd'hui la France a déjà doté les Sahariens de huit puits artésiens.

Les Touaregs sont si bien disposés à marcher dans la voie du progrès, qu'un chef a envoyé, d'un des oasis les plus reculés, une trentaine de ses guerriers à Alger, afin d'y acheter tout le matériel nécessaire pour perforer le sol et obtenir un jet d'eau.

De plus il avait tracé de sa main une liste de livres, qui fut présentée à un libraire de la rue Bab-Azoun, lequel s'empressa de faire une commande à Paris, car il ne les possédait pas tous.

Parmi ces ouvrages se trouvaient :

Un traité de géologie, l'*Art de découvrir les sources* et d'autres traités sérieux.

Puis plus bas une main de femme avait écrit en italien les noms de plusieurs romans en vogue à Milan une quinzaine d'années auparavant, entre autres la traduction des *Trois Mousquetaires*.

On demanda aux Touaregs des explications ; ils répondirent que c'était l'épouse de leur chef, une Milanaise, qui avait tracé ces lignes.

Comment cette Italienne, très-jolie au dire des Sahariens, se trouvait-elle si loin de son pays? c'est ce qu'ils ne purent ou ne voulurent pas me révéler.

Il y a sept ans environ du reste, on apprit au Sénégal qu'un zouave, fait prisonnier à Biskara, après maintes aventures romanesques, était devenu roi d'une ville du Soudan.

Il y a de singulières destinées!

Puisque nous avons parlé du Sahara, nous allons signaler à ceux de nos lecteurs qu'un voyage en Afrique tenterait, un point de la province d'Oran où, sans quitter le littoral, on peut se faire une idée du Grand-Désert.

C'est le lac salé de Meserghin, situé à douze kilomètres d'Oran.

Couvert d'eau en hiver, mais desséché en été, il a quinze lieues de long et dix de large; lorsqu'on s'y aventure, après trois heures de marche l'on se trouve engagé dans une solitude sablonneuse qui semble s'étendre indéfiniment; des mamelons empêchent de voir là où le lac se termine.

L'illusion est complète.

On dirait le Sahara en miniature : la chaleur y est étouffante, le thermomètre marque 60 degrés; c'est une température de fournaise.

La vue est blessée par la réverbération de la lumière qui miroite sur le sable; l'ouïe ne peut percevoir aucun son distinct; elle fatigue d'un pétillement sourd, vague, nsaisissable, qui éclate partout et nulle part.

Ce bruit est causé par l'action intense, inouïe des rayons solaires qui pénètrent les parcelles de granit, les fendillent et les rongent. Puis, pour peu que l'on soit favorisé par le hasard, on assiste à des scènes de mirage magnifiques.

Rien n'est plus fréquent que d'apercevoir au loin une flotte naviguant de conserve, toutes voiles dehors, au milieu d'une mer limpide et calme.

C'est saisissant et merveilleux.

Quelquefois les navires manœuvrent, carguent leurs voiles, virent de bord.

On se demande si l'on ne s'est pas trompé, si par hasard le guide qui vous conduit ne vous a pas mystifié.

On se croit sur une plage.

Bientôt pourtant on s'aperçoit que les vaisseaux ne sont que des chameaux, les frégates des chevaux, les bricks des ânes, que les voiles sont les burnous des Arabes, et qu'enfin cette flotte est une caravane allant au marché d'Oran.

Nous ne pouvons passer sous silence la ruse qu'employa un jour un sergent de zouaves pour faire traverser ce lac à des conscrits, qui, découragés à moitié route, ne voulaient plus avancer.

Pour faire le café à la grande halte, les soldats emportent de l'eau et du bois, ou plutôt des fagots de broussailles.

Voyant les mauvaises dispositions de ses conscrits, le sergent ordonna à un caporal de former un buisson artificiel, de laisser son sac sur un mulet, et d'emporter à la place ce buisson, à une lieue en avant du détachement.

Le caporal comprit et partit.

Une heure après le mirage produisait son effet, et les jeunes soldats crurent apercevoir à une assez petite distance un joli bouquet d'arbres.

C'était le caporal et ses broussailles.

Le sergent, tout en riant dans sa barbe, annonça à ses hommes que son intention était de gagner le bosquet pour s'y reposer à l'ombre, ce qui vaudrait toujours mieux que de rester à la place où l'on se trouvait, c'est-à-dire en plein soleil.

Il ajouta que l'on trouverait de l'eau sous les arbres.

Les conscrits se levèrent avec enthousiasme, s'étonnant de ne pas avoir remarqué plus tôt ce petit oasis.

On se mit en marche; mais comme le caporal de son côté marchait aussi, les malheureux soldats mirent cinq heures à rattraper le bosquet.

Heureusement ils étaient arrivés à l'étape. Lorsqu'un régiment traverse ce lac, les cas d'insolation ne sont pas rares. Il fait tellement chaud que l'on voit des hommes tomber foudroyés : le sang leur sort par les narines, les oreilles et les yeux.

Puisque nous avons parlé d'Oran, nous engagerons le lecteur qui visiterait cette ville à faire l'ascension du mont Santa-Cruz, par lequel est dominée cette capitale de la province; il y verrait une forêt naissante.

C'est chose rare en Algérie qu'une forêt, à quelque distance d'une ville ou même d'un village.

Ceci vient de la fatale habitude qu'ont les Arabes de mettre le feu aux terrains qu'ils veulent cultiver. Leur but en agissant ainsi est de se procurer de l'engrais sans travail et sans frais; mais les conséquences désastreuses de cette méthode sont incalculables.

Sans les incendies que les indigènes se plaisent à allumer lors de l'arrière-saison, pour faciliter leurs semailles, le nord de l'Afrique serait la contrée du monde la plus riche en bois de chauffage et de construction.

C'est à peine si l'on peut citer une vingtaine de forêts dignes de ce nom.

Depuis notre arrivée, quelques mesures énergiques ont suffi pour faire perdre aux Arabes leur pernicieuse habitude, et des compagnies de soldats s'occupent activement à reboiser les montagnes.

Dans trente ans, si leurs travaux sont bien guidés et activement poursuivis, un changement incroyable se fera dans le climat de notre colonie.

Les arbres, qui couronnent d'une ceinture verte les mamelons aujourd'hui arides, arrêteront au passage les brouillards et les nuages; de toutes ces crêtes imbibées d'eau s'écouleront sur les plaines des ruisseaux, des rivières, des fleuves qui fertiliseront le pays, et qui, pendant la saison d'été, rafraîchiront l'atmosphère brûlée par le simoun.

Rien n'est plus curieux que d'assister à un phénomène qui se renouvelle chaque soir sur le Santa-Cruz.

Les nuages, montant de la mer, viennent envelopper son sommet; et de là ils filent vers l'intérieur en suivant les arêtes des montagnes.

Chaque matin, ils reviennent par le même chemin.

Quand les zouaves du camp Saint-Philippe voient cela, ils disent:

— Voilà le Santa-Cruz qui fume sa pipe.

Eh bien ! c'est une fumée humide qu'arrêteront bientôt les sapins qui poussent.

Tout est en voie de transformation dans la colonie ; on érige des télégraphes électriques, on construit des lignes ferrées, on fonde des sociétés agricoles, on creuse des ports.

La question dont les colons s'occupent le plus aujourd'hui est celle du Sahara.

Aura-t-elle une solution prochaine et satisfaisante?

Espérons que bientôt nous allons voir se réaliser sous nos yeux deux grandes choses :

1° La mise en culture du désert, où croîtra la canne à sucre et le coton.

2° L'exploitation par le commerce du Soudan, le plus fertile pays du monde.

Il y a bien un obstacle, un grand obstacle, qui vient comme toujours, non pas de la nature, mais des hommes.

Cet obstacle, c'est l'indifférence générale pour l'Algérie, que nous signalions au début de cet article.

Puisque c'est la digue qui arrête le grand courant de l'émigration algérienne, pourquoi ne pas l'enlever?

Ce serait si facile, si on le voulait ; mais on ne se débarrasse pas d'un préjugé comme d'un manteau.

Le jour où cette indifférence cessera, nous engageons nos lecteurs à profiter des trains de plaisir, que ne manqueront pas d'organiser les compagnies de chemins de fer et les Messageries impériales, pour visiter les villes d'Afrique.

Ils reviendront enthousiasmés, s'ils en reviennent.

Combien d'étrangers, d'Anglais surtout, se sont décidés à acheter une villa dans les riantes campagnes qui avoisinent Alger la belle, ou Blidah la cité des fleurs !...

Les Français imiteront cet exemple.

LE ZOUAVE (Type).

Le zouave dans ses rapports avec la cuisinière bourgeoise. — Le bourgeois de Molinchart. — Changements à vue. — Recrutement ; esprit de corps ; mœurs, us et coutumes. — Le café forgeron. — Les bohèmes politiques. — Un vieux singe. — Le père Simoun. — Vlan ! c'est un détail.

Les zouaves se sont fait, en Afrique, en Crimée et en Italie, un tel renom de bravoure, que la plupart des puissances, y compris l'Amérique, ont essayé d'appliquer leur organisation à quelques-uns de leurs régiments.

L'épreuve ne peut réussir complétement, par la raison que le zouave est un produit exclusif du sol gaulois. De même que, d'après la recette si connue, pour faire un civet il faut d'abord un lièvre, pour faire un vrai zouave il faut d'abord un Français.

En outre, il est très-difficile d'imiter ce que l'on connaît mal, et, quoique l'on ait beaucoup écrit sur les corps spéciaux d'Afrique, on n'a encore sur eux que des idées incomplètes, souvent fausses à l'étranger et même en France.

Interrogez un Croate de Palestro ou de Magenta, il vous répondra :

— Les zouaves sont des soldats algériens, noirs, poussant des cris effroyables, aimant le carnage; en un mot e vrais tigres!

Si au contraire vous vous adressez à un Tyrolien blessé ou fait prisonnier à Solférino, il répondra :

— Les zouaves m'ont pansé, nourri, soigné, consolé; ce sont de vrais agneaux.

Un général de vieille souche dira :

— Les zouaves! braves régiments, mais indisciplinés, sans tenue, manœuvrant déplorablement, ne sachant même pas marcher au pas. Impossible de s'en servir dans une guerre régulière.

Un colonel de trente ans dira :

— Quels soldats!... cela ne craint ni l'eau, ni le feu; ni le froid, ni le chaud; ni balles ni boulets; ça ne dort jamais; ça ne boit pas, ça ne mange pas; ça porte un sac énorme, et ça court comme des gazelles. Vous avez une brigade ennemie devant vous; lancez un bataillon de zouaves, et dix minutes après, pas plus de brigade ennemie que sur ma main. On dirait qu'un ouragan l'a balayée.

Un bourgeois de Molinchart dira : « Ils se battent bien, « ces zouaves, soit! mais ils se grisent dans les cabarets, « font du bruit dans les cafés, et mettent leur bonnet « rouge d'une manière trop tapageuse. »

Un ouvrier dira : « Le zouave, c'est un bon vivan fini, le cœur sur la main. »

Un zouave arrive en congé dans sa petite ville. La jeune fille dira d'abord : « Il me fait peur », puis trois jours plus tard, elle se rend bras dessus, bras dessous au bal avec l'Africain.

Lorsqu'il part, elle pleure, et il n'est pas impossible qu'elle le rejoigne à Oran ou à Constantine.

Interrogez trente soldats, trente avis différents :

— « Le zouave, c'est pas plus malin qu'un autre. » Ou bien : « Le zouave, c'est un crâne lapin. Et ainsi de suite.

D'où viennent ces contradictions ?

C'est que le zouave est un vrai Protée, changeant d'aspect selon les temps et les lieux. Coquet, élégant, dans les rues d'Alger il pousse jusqu'à ses dernières limites ce qu'en termes militaires on appelle le *chic*. Les guêtres collent à la jambe et au soulier sans faire un pli ; son turban s'enroule avec grâce et noblesse autour de son front rasé ; sa ceinture bleue serre sa taille comme un corset emprisonne les hanches d'une jolie femme ; il marche avec l'allure conquérante d'un mousquetaire gris en bonne fortune

Au contraire, voyez-le dans un camp : le brillant militaire a disparu sous un pantalon de toile troué en cent endroits, sous un chapeau immense, de forme impossible, sous une barbe que le rasoir n'a pas fauchée depuis six mois ; sous une blouse ornée de franges, sous un paletot en lambeaux ou une casaque taillée dans les débris d'un burnous, sous une loque, n'importe de quelle espèce ; enfin, une pipe à très-courte tige flambe à ses lèvres, au lieu du fin cigare de la Mouzaia, et ses pieds sont enfouis dans des galoches indescriptibles.

Quantum mutatus ab illo!

Mais quel que soit son costume, écoutez-le pérorant dans un café : vous serez souvent étonné de son instruction, de son langage correct, de sa phrase même un peu prétentieuse à l'occasion. Sa conversation sent le collége, et elle est parsemée de citations classiques.

Mais rentrez au quartier avec lui :

Les métaphores de deux marchandes à la criée seront pâles, incolores, en comparaison de la langue qui vibrera à vos oreilles, s'il lui plaît de changer de rhétorique.

Mais si la forme varie, le fond reste toujours le même; c'est une statue de bronze qu'on peut draper de cent façons sans que le métal perde rien de la rigueur de ses contours.

En Algérie, en Crimée, en Italie, au Mexique, ce sera toujours la même tête aux joues amaigries, aux lèvres railleuses, au regard étincelant d'audace et d'intelligence; ce qui vous frappera surtout, c'est un pli au milieu du front, contracté souvent en face du danger.

Tous les zouaves, du reste, ont un air de famille; de même que l'on dit de quelqu'un : « Il a le profil grec ou romain, » on peut dire : « Voilà une tête de zouave. »

Il faut une force bien puissante pour altérer ainsi et refondre au même moule les traits des Bretons, des Lorrains, des Flamands, des Parisiens, des Bordelais, des Alsaciens qui viennent former les corps spéciaux de l'Algérie : cette force, c'est l'esprit de corps.

De tous temps, l'esprit de corps a opéré d'étonnantes transformations, mais jamais son action ne s'est fait sentir aussi efficacement que parmi les zouaves, excepté peut-être dans la compagnie de Jésus.

Le climat de l'Algérie contribue encore à donner un cachet particulier au zouave : tout Européen qui débarque à Alger est bientôt comme le fer rouge sous le marteau du forgeron ; le soleil chauffe à blanc tout son être, et les passions exaltées façonnent cette matière en fusion.

L'usage du café (deux litres par jour au moins) achève l'œuvre du climat.

Cette liqueur tient constamment en éveil le cerveau : de là la brillante imagination des zouaves. Sur le corps, elle agit comme la trempe sur les métaux.

Voilà donc déjà trois agents énergiques qui contribuent à former les zouaves : l'esprit de corps, — le climat, — le café.

Mais il faut dire aussi que les hommes soumis à leur action ne sont pas choisis au hasard. On ne recrute pas un régiment de zouaves en y envoyant chaque année un contingent de conscrits.

Tout zouave est entré dans ce corps par vocation et volontairement ; c'est un grand point.

Parmi les éléments divers qui constituent les corps spéciaux d'Afrique, il y a d'abord l'engagé volontaire. Tantôt c'est un esprit ardent et précoce, un cœur passionné qui rêve de gloire à dix-sept ans.

D'autres fois c'est un bohême las de la vie, qui préfère au suicide la mort des champs de bataille. En Afrique, il retrempe vite son âme aux émotions de la guerre.

C'est parfois aussi un étudiant intelligent, mais plus fait pour la vie active des camps que pour l'existence casanière de l'étude ou du bureau.

Enfin, l'engagé est presque toujours un être déclassé,

qui ne regrette rien derrière lui, et se trouve admirablement préparé pour les aventures.

Voilà déjà une partie du contingent annuel.

L'autre est fournie par les militaires des autres régiments que fatiguent les allures monotones des garnisons, les gardes, les corvées, les exercices et les revues.

A chaque inspection trimestrielle, ceux à qui cette existence tout à la fois oisive et surchargée de besogne a donné le spleen, demandent à aller se guérir en Afrique, où ils trouvent un aliment à leur activité fiévreuse.

Enfin, certains caractères vigoureux, débordant de séve, étouffant dans les liens trop étroits de la discipline, usant leur énergie à lutter contre le règlement et l'autorité des officiers, commettent un jour quelque grave insubordination.

Ils sont condamnés par un conseil de guerre à l'une des peines sévères édictées par le code militaire contre les atteintes à l'autorité. C'est l'enfer de la carrière des armes.

A l'expiration de la peine, ils font quelque temps de purgatoire dans les bataillons disciplinaires, et, après cette transition, sont envoyés aux zouaves.

Ici la discipline, bien plus rude qu'ailleurs pour toutes les choses vraiment sérieuses, est très-douce et très-paternelle pour les choses sans importance. Si la moindre négligence en face de l'ennemi est punie avec une sévérité draconienne, en revanche, un manquement à l'appel passe presque inaperçu.

Tels sont les divers éléments dont se compose un régiment de zouaves.

On le voit, il ne suffit pas d'affubler le premier bataillon venu d'un turban pour réaliser le type que nous esquissons. On pourra faire d'excellents soldats, aussi braves, aussi bien instruits que possibles, mais on n'aura pas des zouaves.

Un vieux *chacal* (c'est le surnom des zouaves) disait un jour, à l'occasion des tentatives d'imitation à l'étranger : « Toutes et quantes fois qu'un soldat, comme l'An-
« glais, le Russe et l'Autrichien, se laisse flanquer des
« coups de schlague par ses caporaux, ce soldat-là ne
« fera jamais un zouave. »

Une des principales vertus du soldat d'Afrique, c'est l'énergie avec laquelle il défend les traditions du corps dont il fait partie.

Il fera vingt lieues, il supportera la faim, la soif ; il subira des souffrances inouïes avec un héroïsme admirable ; quelque sacrifice qu'exige la victoire, il l'accomplira.

Mais il se roidit contre toute injustice, contre tout abus de pouvoir. Les officiers, sortant presque tous des rangs du régiment, partagent ces idées, et il en résulte une sorte d'opinion publique qui finit toujours par triompher.

C'est aux zouaves surtout qu'un colonel est le *père de ses soldats*.

Le brave général Clerc, par exemple, mort à Magenta, s'était passionné pour le 2ᵉ régiment de cette arme ; il s'était identifié avec lui, et il le défendait à outrance contre tous les actes arbitraires dont ses hommes croyaient avoir à se plaindre.

Il fallait le voir tempêtant contre les fournisseurs, quand les vivres étaient réputés mauvais, réclamant lorsque les récompenses, croix ou médailles, lui semblaient accordées trop parcimonieusement ; en un mot, toujours en lutte avec ses supérieurs pour améliorer le sort de ses zouaves.

Un général, qui cependant appréciait les soldats d'Afrique, prononça sur leur compte, dans un moment de mauvaise humeur, un mot qui parut blessant.

Le colonel Clerc brisa son épée, et jura qu'il donnerait sa démission si le mot n'était pas retiré.

Il le fut.

Le zouave est très-railleur ; il donne volontiers des sobriquets à tous ses chefs, à commencer par le maréchal Bugeaud, qu'il avait surnommé le père la Casquette.

Un aide de camp apprit à son général ques les zouaves l'appelaient Gueule-de-Loup. Cet officier supérieur vint se plaindre au colonel Clerc. Celui-ci ne put s'empêcher de rire.

— Consolez-vous, dit-il ; ils se feraient hacher pour moi, et pourtant ils m'appellent *Vieux-Singe*.

Le général rit à son tour ; il était consolé.

— Voyez-vous, ajouta le colonel, ce sont là des petits noms d'amitié.

Tous les généraux n'aiment pas les zouaves, tous ne savent pas également s'en servir ; tous aussi ne leur inspirent pas la même confiance.

Pour les conduire au feu, il faut une main habile, un coup d'œil sûr et rapide, une grande promptitude de jugement. Du reste, comme le disait le maréchal Bosquet : « Les zouaves ! c'est de la cavalerie à pied, et n'est pas qui veut général de cavalerie ; il faut des aptitudes spéciales. »

Dans une expédition, on plaça un bataillon de zouaves sous les ordres provisoires d'un officier excellent, mais étranger à la tactique de ce corps.

Il prit ses dispositions pour enlever un mamelon couvert de Kabyles, et il forma les zouaves en colonne serrée, au lieu de les lancer en tirailleurs en les abandonnant à leur initiative.

— Vous nous ferez *abîmer*, dirent les zouaves, qui n'en marchèrent pas moins résolûment.

Ils ne s'étaient pas trompés.

Les zouaves *vont* à certains chefs comme la cavalerie légère *allait* à Murat, et l'artillerie au général Drouot.

Il y a réciprocité. Certains généraux ne *vont* pas du tout aux zouaves.

Ce sont ceux qui ne savent pas oublier, au milieu des fatigues et des souffrances de la guerre, les habitudes de la garnison ; ceux qui surchargent le soldat de revues, d'appels, d'inspections ; ceux enfin que le *père la Casquette* renvoyait en France avec cette note : « Incapable pour la guerre d'Afrique. »

Il est une locution commune aux officiers africains, c'est que le *règlement n'a jamais passé la mer.*

On ne pourrait l'appliquer en effet dans toutes ses rigueurs, et une des principales conditions de succès dans la guerre algérienne, et généralement même dans les combats modernes, consiste à laisser aux soldats le plus de liberté et d'initiative possible.

Le temps des baïonnettes inintelligentes est passé. Quelques chefs se sont roidis en vain contre cette vérité.

Il fut un général, nouveau venu en Afrique, qui eut beaucoup de peine à prendre son parti des us et coutumes des zouaves.

Brave homme, mais inflexible d'abord sur la théorie, il connaissait à fond toutes les décisions ministérielles concernant les détails d'uniformes et le service intérieur.

Feu Nicolas, l'empereur de Russie, qui poussa si loin le caporalisme, n'attachait pas plus d'importance que lui aux boutons des guêtres.

Rien ne lui échappait. Il savait, à un gramme près, ce que pesait une botte de fourrage ; il eût pu compter les grains de poudre des cartouches. Une revue avait autant d'importance à ses yeux qu'une grande bataille. Quinze jours de prison au sous-lieutenant dont les cheveux n'étaient pas taillés en brosse, un mois au soldat à qui manquait une aiguille dans sa trousse.

Ce brave général avait été envoyé en Algérie pour passer une inspection. Il devait commencer par un bataillon de zouaves qui se trouvaient échelonnés, compagnie par compagnie, pour établir une route à une certaine distance du littoral.

Le premier camp de ces travailleurs était commandé par un capitaine que ses soldats avaient surnommé le Simoun ;

Un beau nom qu'il méritait bien ;

Comme ce vent du désert, il était impétueux, irrésistible : il avait une réputation superbe de bravoure.

Quant à la manière dont il administrait sa compagnie,

il passait pour le chef le plus débonnaire qu'on pût voir. Il eût tué celui qui eût bronché au feu ; mais pas d'appels inutiles, pas de salle de police pour la moindre peccadille.

Comme particularité, il avait une locution qui peint très-bien son caractère. A chaque instant il répétait : *Vlan! c'est un détail.*

— Capitaine, venait annoncer un sergent, les Arabes de la tribu voisine se sont révoltés ; il y en a un mille au moins qui marchent sur le camp.

— Vlan ! c'est un détail, répondait-il ; faites prendre les armes à mes lascars (soldats) ; nous allons apprendre la politesse à ces moricauds-là.

Il avait cent hommes, mille Arabes devant lui, mais cela lui était *parallèle*.

— Capitaine, disait un fourrier, il n'y a plus de souliers du tout ; le convoi qui en apportait a été coupé par les Arabes.

Vlan ! c'est un détail. Mes lascars feront comme leur kébir (chef), ils iront nu-pieds.

Et au besoin, le capitaine mettait ses bottes de côté, pour donner l'exemple. Tel était le capitaine *Simoun* vers le camp duquel se dirigeait le général inspecteur dont il est question.

Ce dernier, connaissant les exploits du capitaine, mais ignorant ses habitudes, le tenait en haute estime. Tout en cheminant avec ses aides de camp, son escorte de hussards et un cavalier arabe pour guide, il entretenait son état-major des faits d'armes de la compagnie de zouaves et de son chef.

« — Messieurs, disait-il, vous allez voir des soldats
« modèles ; eux et leur vaillant capitaine, ils ont opéré
« dernièrement une retraite de quatre lieues au moins,
« entourés de sept ou huit cents Bédouins irréguliers.

« Ils n'ont pas perdu dix hommes, et ils ont abattu
« une centaine d'ennemis. Jugez s'ils ont dû manœuvrer
« avec précision. Ah ! la manœuvre, Messieurs, la ma-
« nœuvre, quelle belle chose ! Le monde est à la nation
« qui sait le mieux manœuvrer ! Je les vois d'ici, ces bra-
« ves zouaves ! pas une tache aux uniformes, pas un dé-
« faut dans les alignements ! »

En devisant ainsi, ils arrivèrent devant une espèce de village composé de cabanes en chaume. Il y avait çà et là quelques tentes inhabitées. Le guide arabe conduisait le général de ce côté.

Des chiens de toute taille, des chacals apprivoisés, des gazelles privées, des moutons en liberté, un lionceau de deux ans, une magnifique collection de porcs, des poules, des chats, des corbeaux, des animaux de toute sorte enfin, grouillaient, hurlaient, aboyaient, coassaient au centre de ce village.

Quand le général inspecteur et ses officiers entrèrent dans son enceinte, toute cette ménagerie fut en révolution, et ce fut un sabbat effroyable.

Les chevaux se cabrèrent, deux cavaliers furent désarçonnés ; le général jura, et son état-major fit chorus.

Alors une dizaine d'hommes sortirent des cabanes vêtus de la plus étrange façon.

Les uns avaient des blouses vertes ou bleues, rapiécées de morceaux blancs ; d'autres portaient des bourge-

7

rons taillés dans des sacs de toile et sans manches. Plusieurs étaient nus jusqu'à la ceinture, et tenaient à la main, soit une écumoire, soit des haches, soit des couteaux. Quant aux coiffures, il y avait des bonnets de laine blanche, des fez rouges, des chapeaux de feuilles de palmier et d'alfa, qu'ornaient ou une queue de lapin, ou une plume de coq, selon la fantaisie du propriétaire.

Quoique déconcerté, le général inspecteur prit des informations auprès de ces gens bizarrement vêtus pour savoir où il se trouvait.

— Au camp des zouaves, mon général, répondit-on.

— Je vois bien un village, mais pas de camp, dit-il.

— Ces cabanes s'appellent des gourbis; c'est là-dedans que nous logeons.

— Vous êtes donc des zouaves?

— Oui, mon général.

Le général faillit tomber à la renverse.

— Voilà le kébir, ajouta le zouave auquel il s'était adressé et qui s'éloigna. Les autres soldats s'étaient déjà retirés.

Le capitaine Simoun s'avançait en effet à la rencontre de son supérieur.

Il portait un large pantalon de treillis, un paletot blanc à capuchon, et il fumait une bonne pipe en racine de bruyère.

Le général n'en pouvait croire ses yeux.

Il se demandait s'il ne rêvait pas, si le démon de l'indiscipline ne le tourmentait point par un affreux cauchemar.

— Vous êtes le capitaine de la compagnie, Monsieur? demanda-t-il d'un ton irrité.

— Oui, mon général.

— Eh bien! je viens pour passer l'inspection. Où sont vos hommes?

— Au travail.

— Et ceux que je viens de voir?

— Ce sont les cuisiniers de chaque escouade.

— Faites appeler tout le monde, Monsieur; je veux passer ma revue tout de suite, entendez-vous, puis j'adresserai mon rapport au gouverneur.

Une formidable colère grondait dans la poitrine du général, mais il en contenait l'expression.

Le capitaine ne se doutait de rien.

Il appela un clairon.

Celui-ci se présenta avec une brosse de chiendent d'une main et une chemise mouillée de l'autre.

Sonnez la retraite, pas de course, dit le capitaine.

Le clairon s'éloigna à toutes jambes.

— Qu'est-ce que faisait le clairon avec sa brosse? demanda le général.

— Il blanchissait le linge de la compagnie, répondit le capitaine.

— Ce n'est pas réglementaire.

— *Vlan! c'est un détail.* Comme il doit rester au camp à cause des alertes, il faut bien qu'il s'occupe à quelque chose et qu'il gagne quelques sous pour boire.

— Qui garde le camp pendant que votre compagnie est au travail?

— Personne.

— Et si l'on attaquait?

— Là-haut, sur ce tertre (le capitaine indiqua un mamelon), il y a une vedette. En cas d'alerte, il y a ordre de tirer un coup de fusil. Du point où elle est, on domine la plaine à deux lieues à la ronde. Aussitôt qu'un signal est donné par cette sentinelle, le clairon sonne le rappel et mes lascars reviennent. Ça n'est pas long; tenez, vous allez voir.

En effet, le clairon, ayant atteint le sommet du mamelon, jeta au vent les notes de la retraite, suivies de la modulation rapide du pas de course.

Dix minutes après, une centaine d'hommes se précipitaient dans le camp comme une trombe.

Ils n'avaient rien de l'uniforme des zouaves; il portaient en bandoulière des fusils de munition, et à la main des pelles et des pioches; plusieurs poussaient devant eux des brouettes.

Sans attendre d'ordres, avec une merveilleuse rapidité, ils remuèrent le sol, improvisèrent des fossés, des barricades, et, en un clin d'œil, le camp devint une forteresse fermée de tous côtés.

Le capitaine riait dans sa barbe.

— Ils ont cru, dit-il, que les Arabes approchaient. Voyez-vous, général, les voilà en état de défense.

Les zouaves, en effet, visitaient les amorces de leurs fusils, ajustaient leurs baïonnettes, se groupaient sur les toits des cabanes, sur le sommet des barricades, et attendaient l'ennemi avec une contenance qui, pour être pittoresque, n'en était pas moins belliqueuse.

Le vieux sang gaulois se réveilla dans le cœur du général : il se fit une révolution dans ses idées.

Il serra la main au capitaine Simoun et lui dit :

La tenue de vos hommes laisse bien quelque chose à désirer, mais ce sont d'excellents soldats pour tout le reste.

— Vlan ! répondit le capitaine, la tenue c'est un détail. Le bataillon de la Moselle se battait en sabots ; mon père en était.

A partir de ce jour, le général fut si indulgent pour les soldats, qu'ils le nommèrent le *père Gratification*, à cause des distributions du vin qui suivaient ses revues.

Quant au capitaine Simoun, il est mort en Crimée.

Un officier russe lui cria :

— Rendez-vous !

— Non, répondit le capitaine Simoun.

— Vous êtes cerné, reprit le Russe ; rendez-vous, ou vous êtes mort !

— Vlan ! c'est un détail, riposta le capitaine.

Et il tomba pour ne plus se relever.

S'il suffisait de ne pas craindre la mort pour gagner des batailles, notre armée pourrait avoir des rivales. Dans maintes circonstances, nos adversaires ont montré un courage héroïque. Cependant nos soldats sont reconnus pour les premiers du monde ; il faut donc attribuer cette supériorité, en partie du moins, à la façon intelligente dont ils combattent. Parmi eux, les zouaves se sont attiré une réputation toute particulière de spontanéité : ce sont les artistes du champ de bataille. Le rôle qu'ils jouent dans une affaire exige des qualités toutes particulières : ils sont aptes surtout aux coups de main, aux surprises, aux témérités qui décident souvent du sort d'une journée. Ce sont les soldats d'avant-garde, les têtes de colonne de l'armée. Leur arme de prédilection est la baïonnette ; ils n'ont dans la fusillade qu'une médiocre confiance; tant de balles ont sifflé vainement à leurs oreilles, qu'ils méprisent le plomb et donnent la préférence au fer ! Il a été calculé qu'à Solferino, par exemple, il y avait eu 3,000 coups de fusil de tirés par chaque Autrichien mis hors de combat. Avec la baïonnette, on est bien plus sûr du résultat. La tactique favorite des zouaves a été résumée ainsi par le général Cler : « Se « déployer en tirailleurs, arriver le plus près possible « de l'ennemi, l'étourdir par une ou deux décharges, et « l'aborder à l'arme blanche en le tournant par ses ailes.»

Le succès a presque toujours couronné cette manœuvre, qui aurait cependant de graves inconvénients avec d'autres hommes que les zouaves. En effet, quand ils s'élancent ainsi, ils sont dispersés, en désordre, et il semble impossible de les rallier dans le cas d'une attaque de cavalerie. Mais ces régiments possèdent une telle intelligence des choses de la guerre, une rapidité d'évolutions si surprenante, une solidité individuelle si grande, qu'une ligne de tirailleurs, disséminée sur une étendue de terrain considérable, se transforme en carré dans l'espace de quelques minutes.

Les officiers, qui ont éprouvé leurs hommes et savent ce qu'ils valent, leur laissent le plus de liberté possible. Au lieu de contrarier, par des alignements inutiles, leur formidable élan, ils se contentent de les guider sur le point faible de la ligne ennemie.

Du reste, les zouaves ont un instinct tout particulier pour reconnaître l'endroit vulnérable où doit porter leur effort.

On ne peut se faire une idée de leur fougue sur le champ de bataille qu'après avoir vu un de leurs bataillons charger une division. Ils rampent comme des chats, se glissent de buisson en buisson, derrière les arbres, le long des fossés; ils avancent, silencieux, confondus avec le sol. L'ennemi les croit bien loin et marche avec confiance. Tout à coup, une clameur stridente s'échappe de cinq cents poitrines!... Cinq cents coups de feu éclatent en même temps, semant la mort et l'épouvante; presque aussitôt se dressent et bondissent cinq cents hommes qui semblent tombés des nues; leur choc est irrésistible comme celui d'une locomotive.

A Magenta, deux bataillons du 2ᵉ zouaves, lancés contre trois régiments autrichiens, leur tuèrent huit à neuf cents hommes, firent quinze cents prisonniers, s'emparèrent d'un drapeau entier et de la hampe d'un autre. L'ennemi, dans cet engagement, crut avoir affaire à de la cavalerie, et se forma en carré.

A Inkerman, les Russes avaient déjà adopté cette manœuvre pour recevoir les charges des zouaves, qui firent dans leurs rangs des trouées *larges comme des maisons*, au dire des témoins oculaires.

Les étrangers éprouvent une grande répulsion pour les engagements corps à corps; selon l'expression des zouaves, *ils ne sont pas friands de lame*; ils ne conçoivent que la guerre à coups de fusil. Un colonel autrichien tombé entre nos mains traita très-sérieusement les zouaves de bouchers, en les voyant repasser leurs sabres-baïonnettes, ébréchés à la suite d'une mêlée.

Les zouaves ont adopté un cri de guerre d'un effet saisissant : c'est le cri perçant du chacal ; quand ils le poussent, on n'entend plus ni les clairons ni le canon ; les armes tombaient des mains des Tyroliens lorsque cette menace vibrait à leurs oreilles.

La guerre d'Afrique, que l'on connaît peu, a été pour les zouaves une rude école : les marches y sont extrêmement pénibles, par 60 degrés de chaleur ; on y est souvent réduit au quart de ration ; on y fait dix ou douze lieues par jour, et l'on y porte un poids énorme. Le soldat a, dans ou sur son sac, ses effets, sa tente, sa couverture, huit paquets de cartouches d'une livre chaque, des vivres pour quinze jours, des ustensiles de cuisine, une pioche ou une hache, et une arme de treize livres : en tout, quarante kilogrammes. Parfois il faut doubler l'étape, et souvent on prend encore sur soi pour deux jours d'eau et de bois.

Le zouave met un amour-propre extrême à ne jamais rester en arrière malgré cette charge écrasante ; c'est un marcheur hors ligne, qualité essentielle fort prisée des généraux. La guerre est dans les jambes, ont dit le maréchal de Saxe et Napoléon après lui.

On cite un trait presque incroyable du 2ᵉ de zouaves. En 1857, ce régiment fit la route d'Oran à Alger, environ cent lieues, et il ne laissa que trois hommes en chemin : les deux premiers avaient la fièvre, le troisième avait été mordu par un serpent, qui fut pris, décapité, rôti et mangé.

La guerre d'Afrique est plus terrible et pour le moins aussi meurtrière que celle d'Europe. En voici une preuve. Le 2ᵉ de zouaves, dans l'expédition de Kabylie de 1857, a perdu six cents hommes ; — il n'a eu que trois cents tués ou blessés en Italie. Les colonnes expéditionnaires d'Algérie sont si peu nombreuses, que les moindres pertes y sont très-sensibles. Mais ce qui contribue le plus à donner un caractère redoutable aux combats d'Afrique, c'est la cruauté et la sauvage tactique des indigènes. Ils ne font point de quartier : quand ils ont un prisonnier, ils l'attachent à un arbre, et leurs femmes s'acharnent contre lui. On lui arrache les prunelles, qu'on remplace par des charbons ardents ; on lui tire la langue de force, et on la fixe sous le menton avec des épingles mauresques ; on lui arrache les ongles, et on finit ordinairement par le faire périr au milieu des flammes. Nous n'inventons rien. En 1856, dans un retour offensif, on trouva un sergent de la légion étrangère couché sur un brasier ; il avait les bras et les jambes coupés !

On peut se figurer, après ces détails authentiques, ce que c'est que la guerre d'Afrique. Il n'est pas possible aux témoins de pareilles scènes de conserver leur sang-froid. Une nuit, on vit le sommet d'une montagne s'illuminer ; un olivier embrasé se détacha sur la crête. A l'une des branches de cet arbre en feu un Français était accroché, et les indigènes dansaient autour de lui comme les cannibales quand ils rôtissent un captif. Un cri de

7.

colère retentit dans l'armée, un bataillon prit spontanément les armes, et il parvint à envelopper les sauvages danseurs. On conçoit que, dans un pareil moment, ils aient été peu épargnés.

Il n'y a pas de guerre plus féconde en incidents que celle-là ; il faut être sans cesse en défiance. Les veilles des sentinelles y offrent des dangers extrêmes ; les Arabes savent inventer des ruses qui feraient honneur aux peaux-rouges. Pour conserver sa tête, chaque soldat doit avoir la prudence, le coup d'œil et l'énergie du célèbre Bas-de-Cuir, dont Cooper a raconté les exploits.

Lorsqu'un bivouac français est établi au milieu des tribus ennemies, on élève les tentes de façon à former un carré ; sur chacune des faces de ce carré, à portée de carabine, on place une grand'garde qui fournit un cordon de sentinelles, espacées de dix en dix pas, de façon à entourer tout le camp. De plus, chaque compagnie a rassemblé ses armes en faisceaux sur son front de bandière, et un factionnaire, relevé d'heure en heure, les surveille.

Et pourtant les indigènes trouvent parfois le moyen de pénétrer dans le camp, d'y voler des chevaux, des fusils, et d'y assassiner des soldats.

Pour arriver à leurs fins, ils se *déguisent en buissons*, s'enveloppant le corps de branches de feuillage, et, dans cet accoutrement champêtre, se dirigent vers les postes avancés. Ils attendent généralement jusqu'à deux heures du matin avant de s'aventurer trop loin ; à ce moment, les vedettes ont les yeux troublés par le sommeil. C'est alors que l'Arabe avance lentement, toujours confondu avec les broussailles environnantes ; il passe sans bruit, et va faire son coup de main dans le bivouac. Le retour est plus facile, il connaît le chemin.

Au fait de tous ces stratagèmes, le zouave, bien dissimulé par un obstacle, compte avec soin les arbres, les pierres et les touffes de palmiers qui l'entourent ; quand il s'aperçoit que le nombre en est augmenté, c'est qu'il y a un buisson de contrebande dans le voisinage. Alors, le cou tendu, l'oreille au guet, la carabine au poing, il laisse approcher son adversaire, qui ne le voit pas non plus derrière son embuscade.

Il y a un moment où l'émotion est poignante : c'est quand l'Arabe n'est plus qu'à deux pas. Le jeu, la chasse, le duel même, n'ont pas d'angoisses aussi fortes.

Il est impossible de tirer, parce que l'éclair de la détonation indiquerait à tous les rôdeurs le point où l'on se trouve ; en un instant on serait criblé de balles. Il faut absolument se servir de la baïonnette, et s'en servir adroitement, car, si l'on manque son homme, il ne vous manquera pas. Lorsqu'au matin on relève les postes, on trouve souvent des cadavres sans tête : ce sont des malheureux conscrits qui ont cédé au sommeil et se sont laissé surprendre.

Les marches sont tout aussi périlleuses que les factions. Une petite colonne, embarrassée par son convoi, n'avance que péniblement dans un pays accidenté, éminemment propre aux surprises. Les indigènes, tapis derrière les arbres, dans les palmiers nains, aux détours des sentiers, échappent aux regards. On les voit si peu, que les zouaves appellent la guerre d'Afrique une guerre d'aveugles.

Des nuées d'ennemis invisibles enveloppent la colonne et la criblent de balles, d'autant plus facilement, que les fusils arabes portent à quinze cents mètres. Aussitôt qu'un désordre, un encombrement ou une hésitation se manifestent dans les rangs, un groupe de cavaliers arabes se ruent sur ce point, et cherchent à couper l'armée en deux. Le zouave partage, avec le chasseur à pied, la difficile mission de flanquer ces colonnes; c'est double peine et double danger. Les cavaliers indigènes ont beaucoup d'audace individuelle. On les voit s'élancer, bride abattue, sur un tirailleur, bravant son feu par la vitesse de la course, qui ne permet pas de viser sûrement; ils arrêtent leur monture à dix pas, au moment où le tirailleur croise la baïonnette, ils déchargent leur pistolet et repartent au galop.

Les cavaliers rouges d'Abd-el-Kader, munis d'une longue corde armée d'un crochet en fer, harponnaient nos fantassins à l'arrière-garde et les entraînaient avec eux. Le soldat qui s'attarde est perdu. A quarante pas de sa compagnie, on se fait enlever ou couper la tête.

En Afrique, les colonnes qui vont soumettre des tribus révoltées s'installent au milieu d'elles dans une position fortifiée. De là elles rayonnent sur tout le pays, dont elles brûlent successivement les douars jusqu'à soumission complète. Il faut, après chaque engagement, revenir sur sa base d'opérations; c'est l'instant du retour que choisissent les indigènes pour se ruer sur nos troupes. Il y a des moments fort critiques dans ces combats d'arrière-garde : les Kabyles surtout nous poursuivent avec fureur. Les zouaves, par de fausses retraites, parviennent souvent à les attirer dans des piéges, où ils leur font payer cher leur acharnement.

En 1856, le village des Beni-Kouffi, perché sur les cimes du Djurjura, fut pris par les Français sans trop de difficultés. Mais on crut s'apercevoir que les montagnards prenaient des dispositions menaçantes pour le moment du départ. Trois compagnies du 1ᵉʳ zouaves se couchèrent à plat ventre derrière les murs des jardins, un peu en arrière du village ; le reste de la colonne fit mine de se retirer précipitamment. Aussitôt les Kabyles se mirent à leur poursuite ; sans y prendre garde, ils arrivèrent sur les zouaves, qui tirèrent à *brûle-burnous* et jouèrent rudement de la baïonnette. Les Kabyles se dispersèrent et ne reparurent plus.

Une autre fois, huit compagnies furent disposées en échelons, à cent pas de distance les unes des autres. On sonne la retraite, la colonne défile. Aussitôt les indigènes accourent. La première compagnie les reçoit par une décharge, se jette moitié à droite et moitié à gauche, en se retirant à toutes jambes ; la seconde compagnie démasquée tire et imite la manœuvre de la première, démasquant la troisième, et ainsi de suite.

Au cinquième échelon, les Kabyles *en avaient assez*, pour employer une locution de zouaves.

On reprochait autrefois à notre armée de ne pas savoir battre en retraite ; nos régiments d'Afrique n'ont jamais eu occasion de montrer en Europe ce que nos arrière-gardes sauraient faire ; mais au Mexique on a pu admirer leur solidité par l'insuccès de l'assaut tenté à la Puebla.

Le canon épouvante beaucoup les indigènes ; ils l'appellent moucala-el-kebir (fusil du général). Leurs chefs étant mieux armés que les autres guerriers, ils se figurent qu'il en est ainsi chez nous, et que l'arme qui lance les plus gros projectiles est celle du général. Lorsqu'ils reçoivent des obus pour la première fois, les Arabes s'empressent autour de ces projectiles, ne pensant pas qu'ils vont éclater ; au moment de l'explosion, ils éprouvent certainement une des plus désagréables surprises auxquelles un curieux puisse s'exposer.

La vie du zouave est une alternative d'abondance et de privations ; mais, dans ces derniers cas, il conserve toute sa gaieté ; il a toujours quelque apostrophe railleuse contre le *guignon* ; il se moque de la misère comme de la mort. Au dernier moment, il brave encore le destin par un sarcasme.

Au retour de Crimée, un navire portant des soldats fut sur le point de sombrer ; les embarcations avaient été enlevées par des coups de mer, les vagues balayaient le pont du navire. Un zouave n'avait pas l'air de s'émouvoir beaucoup de la tempête ; il s'était accroché aux bastingages avec sa ceinture, afin de ne pas être emporté par les lames, et il attendait.

Un de ses voisins lui dit :

— C'est fini, mon pauvre vieux, *nous allons boire un coup à la grande tasse.*

— Ça m'est égal, répondit le zouave, je gagne cent quarante francs à cette affaire-là !

— Comment ?

— Je redois cette somme à ma masse, et, si je passe l'arme à gauche, je ne payerai rien du tout. C'est autant de pris sur le gouvernement.

A la bataille de l'Alma, les zouaves gravissaient des pentes escarpées sous la mitraille des Russes ; ils se trouvèrent au milieu d'une vigne dont les raisins étaient mûrs. Sans s'inquiéter des boîtes à balles et des biscaïens, les tirailleurs se mirent à manger les raisins, et l'on entendit des voix qui criaient, avec la modulation des marchandes ambulantes de Paris : Chasselââ d'Fontainebleau !

La résignation est inconnue au zouave ; il n'accepte pas la mauvaise fortune, il lutte contre elle, et parvient presque toujours à l'améliorer. Les résultats de cette énergie sont précieux. Le zouave n'est jamais démoralisé, et c'est un grand avantage, car le soldat qui courbe la tête sous la misère est perdu. Les fièvres, le spleen, le scorbut, l'enlèvent rapidement. En Crimée, par exemple, les Anglais se résignaient, sans se plaindre il est vrai, mais sombres, découragés, laissaient le froid les gagner, la maladie les envahir. Ils sont morts par milliers.

Le zouave, lui, se *révoltait* contre la gelée, la boue, la neige ; il s'ingéniait à construire des abris, à se fabriquer des vêtements, à améliorer son ordinaire. Il a vaincu l'hiver. Et c'est une grande victoire, car les Russes avaient fondé de belles espérances sur ce vieil auxiliaire qui avait déjà triomphé à Moscou.

Dans les circonstances suprêmes, le zouave a vraiment

des éclairs de génie. Un zouave sauva tout un convoi de mulets égaré entre Balaklava et le camp. Ce convoi était escorté par des soldats anglais ; la nuit les avait surpris à moitié chemin. La bise soufflait avec force, le froid était terrible, la neige cachait la route. Il fallut s'arrêter et bivouaquer en plein air par un temps affreux ; l'officier était désespéré. Sans abri, sans feu, tout le monde allait périr de froid. Les mulets se couchèrent d'eux-mêmes, les soldats s'étendirent sur le sol, enveloppés dans leurs manteaux, et l'officier regardait d'un œil sombre la neige qui les couvrait peu à peu de son linceul. Deux heures après c'en était fait, on n'aurait retrouvé que des cadavres gelés.

Tout à coup, à travers les sifflements du vent, l'officier entendit un gai refrain lancé à pleine voix, puis il vit passer une ombre non loin de lui. Il appela : c'était un zouave qui venait de Balaklava, où il s'était attardé. Il avait un peu bu, se sentait en joie, et chantait, quoique lui aussi se fût égaré.

— Tiens, dit-il en abordant l'officier anglais, qu'est-ce que vous faites donc là ?

— Mon ami, répondit celui-ci, nous sommes en train de mourir, voilà tout.

— Pourquoi diable vous laissez-vous geler ?

— Parce qu'il n'y a pas moyen de faire autrement. Nous nous sommes perdus, et nous n'avons pas même un pan de mur pour nous préserver du vent.

— Eh bien ! il faut le faire, ce pan de mur.

— Avec quoi ?

— Avec de la neige, parbleu ! ça n'est pas difficile.

— Bravo ! Vous nous avez sauvé la vie ! s'écria l'officier.

Il donna au zouave une poignée de main énergique, éveilla son monde avec beaucoup de peine, et on se mit à l'œuvre. Le zouave montra aux Anglais à rouler la neige en boules, que l'on entassa les unes sur les autres ; on éleva de cette façon une muraille en demi-cercle, qui permit d'arrêter la bise.

Ensuite le zouave fit briser une caisse à biscuit, en prit les débris pour allumer du feu, et demanda une marmite.

— A quoi bon ? fit observer un Anglais.
— Pour préparer du thé, répondit le zouave.
— Il n'y a pas d'eau.
— Et la neige, donc ?

Les Anglais n'y pensaient pas. Le convoi transportait des vivres ; on y trouva une boîte pleine de thé et un baril de rhum.

Grâce au mur improvisé et à ces réconfortants, on passa la nuit sans trop souffrir ; le lendemain on retrouva la route.

Le zouave n'a aucune espèce de préjugés sur la nourriture : il mange tout ce qui est mangeable. Nous allons citer quelques-uns des mets qu'il affectionne, et pour lesquels beaucoup de personnes éprouveraient, en Europe, une répugnance très-mal fondée ; ce sont : le lion, dont la chair ressemble à celle du bœuf ; la panthère, dont la viande est très-délicate ; le mulet, le cheval, le serpent, les gros lézards, les rats, les chats, le chacal quand il est jeune. En fait de légumes, il y a l'ortie, l'asperge sauvage, et des herbes qui ont un nom latin en botanique, et qu'au régiment on appelle *herbes à potage.*

Quelques hommes n'ont aucune répulsion pour les sauterelles, et nous avons vu, *de nos yeux vu,* un clairon avaler des pattes de scorpion. Il n'en était jamais incommodé, et il prétendait que cela avait le goût des noix. La chair du scorpion est huileuse en effet.

A Kamiech, les zouaves avaient le monopole du commerce des grenouilles et des écrevisses : ils les pêchaient dans la Tchernaïa, sous le feu des batteries russes.

En Afrique, ils sont tour à tour maçons, défricheurs, moissonneurs ; il n'est pas rare qu'une escouade de dix hommes gagne une centaine de francs par semaine en travaillant pour les colons ou l'administration.

Quand ils sont à portée d'une forêt, ils fabriquent du charbon de bois ; là où la glaise abonde, ils établissent des briqueteries ; ils coupent l'herbe le long des rivières, sur les terrains qui n'appartiennent à personne, et vendent jusqu'à mille francs de foin à l'administration militaire.

Avec leur insouciance de la vie et leur caractère inventif, ils font des razzias magnifiques. Pour une poule, un zouave est capable de jouer sa tête. Une colonne s'était arrêtée dans une plaine vers le soir ; elle établit son bivouac, et le général donna des ordres pour que le lendemain, à la pointe du jour, un fort village qui dominait le camp fût attaqué.

Au réveil, trois bataillons se préparaient à monter à l'assaut, quand on aperçut des zouaves dans les rues du village. Informations prises, on sut qu'une cinquantaine de maraudeurs avaient eu l'audace d'y pénétrer avant le jour et de l'enlever à la baïonnette.

Dans la même expédition, une compagnie de grand'garde se trouvait sérieusement inquiétée pendant la nuit par les Kabyles.

Il était très-difficile de les débusquer ; la compagnie occupait un moulin sur le bord d'un ravin ; le chien du meunier n'avait pas quitté la maison. Un zouave s'empara de ce chien, lui attacha à la queue un bidon en fer-blanc rempli de pierres, et le lança dans le ravin. L'animal se sauva en poussant des hurlements lamentables, auxquels se mêlait le bruit des cailloux qui heurtaient le fer-blanc. En entendant ce vacarme au milieu des ténèbres, les Kabyles s'enfuirent, ne sachant que penser de la nouvelle machine de guerre envoyée contre eux. Les zouaves complétèrent la déroute en les poursuivant la baïonnette dans les reins.

Dans la colonie, il y a des juifs et des Maltais qui suivent l'armée et lui vendent des approvisionnements ; on les appelle des *marcantis*. Il arrive souvent que, faute de concurrence, ils exploitent le soldat, et lui font payer des prix excessifs. Le zouave leur tient rancune, et s'en venge plus ou moins plaisamment à l'occasion.

Dans toutes ses escapades, le zouave sait garder une certaine mesure ; il met toujours les rieurs de son côté. Un jour, un amateur d'antiquités rôdait aux environs d'Arzew ; il espérait y découvrir quelque précieux débris, remontant à l'occupation romaine. Un zouave lui offrit de lui indiquer un camp romain où il trouverait des armes de légionnaires. Le savant promit vingt francs au zouave s'il lui procurait un fer de lance ou un glaive.

Huit jours après, le zouave vint trouver le savant, et il le mena sur un emplacement où l'on apercevait des restes de retranchements ; muni d'une pioche, il fouilla le sol avec une patience qu'admirait l'antiquaire. Enfin, il poussa un cri de joie : sa pioche avait rencontré un corps dur. Il retira une espèce de lance.

— Quelle heureuse chance ! s'écria le savant ; elle est emmanchée !

Et il donna quarante francs.

Un peu plus tard, il apprit que le camp romain était un bivouac français abandonné depuis six mois, et que la précieuse lance se composait d'une baïonnette rouillée, rompue par le milieu et ajustée au bout d'un manche à balai.

Le savant ne l'en plaça pas moins dans un musée, et, s'il a été mystifié, il se donne du moins la consolation de mystifier les autres.

Il est un autre tour de zouave resté célèbre dans l'armée d'Afrique.

Un colonel de zouaves paria avec un de ses collègue de la ligne qu'il lui ferait *chaparder* (terme qui correspond à enlever) son dîner par un de ses hommes. Il demanda huit jours de délai. Le colonel de la ligne plaça auprès de son cuisinier deux sapeurs, qui eurent l'ordre de ne pas quitter les casserolles des yeux.

Dans les marches, la cuisine se fait en plein vent ; les deux sapeurs, assis sur des pierres, exécutèrent consciencieusement les ordres de leur chef.

Le troisième jour, ils étaient à leur poste, quand arriva bride abattue un courrier arabe, qui s'arrêta devant la tente du colonel en criant : *Carta d'el kebir !* (dépêche du général). Le colonel sortit pour recevoir la missive que tendait l'Arabe ; mais le cheval de celui-ci se cabra tout à coup, enfonça la tente, et mit en émoi le colonel, les sapeurs et le cuisinier, qui s'empressèrent de se reculer à distance respectueuse de la monture récalcitrante.

Enfin l'Arabe fut désarçonné, et il tomba près des marmites abandonnées par les sapeurs, qui tâchaient de rattraper le cheval. Celui-ci fut ramené à son maître, qui sauta en selle, remit sa dépêche, et partit au plus vite.

Le colonel ouvrit la lettre et lut :

« Mon cher camarade,

« Le porteur est un faux Bédouin ; en ce moment il
« emporte votre dîner. Je vous attends pour le manger.
« Tout à vous,   X... »

On visita les casserolles, et dans l'une d'elles on trouva un caillou à la place d'un canard.

Il y a deux mille zouaves qui peuvent désigner autrement que par un X la victime de ce tour.

LE SPAHI.

Quoique les spahis soient enrégimentés, on doit les considérer plutôt comme des gendarmes arabes que comme des cavaliers destinés aux batailles régulières. Ils font surtout le service de la maréchaussée. Rassemblés en smalas (détachements), avec terres, tentes, famille, autour des forts et des points stratégiques, ils font entre les différents postes le service des correspondances.

La smala se compose des tentes habitées par les familles des spahis d'un même escadron. Presque tous ces cavaliers indigènes sont mariés.

Chaque smala est commandée en chef par un officier français. Sous ses ordres il a un double cadre d'officiers et de sous-officiers indigènes. Ces derniers ne peuvent arriver qu'au grade de lieutenant.

A chaque bureau arabe est attaché un certain nombre de spahis; les caïds et aghas en ont aussi quelques-uns à leur disposition.

Choisis parmi les habitants du pays où ils servent de courriers, les spahis connaissent parfaitement toute la contrée; il peuvent porter une dépêche à toute heure et en tout endroit, à vingt lieues à la ronde, par des sentiers qui leur sont connus. Ils sont d'excellents guides pour les colonnes, fournissent aux chefs de cercles des renseignements précieux, grâce à leurs relations. Après ce que nous avons dit des Arabes, on pourrait supposer que la fidélité des spahis est douteuse ; il n'en est rien : à part quelques trahisons isolées, ils ont fait preuve de dévouement. D'abord, la plupart d'entre eux sont des gens de *grandes tentes* (familles nobles), qui se disputent l'honneur d'entrer à notre service ; il y a toujours trente ou quarante aspirants à une place de spahi. On prend celui qui a le meilleur cheval et qui offre le plus de garanties.

Les Arabes tiennent à être spahis pour plusieurs motifs : très-cupides, ils convoitent la solde assez forte attachée à cet emploi ; très-vaniteux, ils désirent à tout prix faire partie d'un corps extrêmement respecté et redouté ; un spahi est un grand personnage dans son douar : il échappe aux impôts, aux corvées, à l'autorité du cheick, et il devient propriétaire.

Des lots de terre sont distribués aux spahis autour des smalas. De simple cavalier il peut devenir lieutenant ; s'il apprend à lire et à écrire, il a chance d'être nommé caïd, agha même, et tôt ou tard il espère obtenir la croix.

Quand on tient un Arabe par l'argent et les honneurs, on le tient bien.

De plus, sa femme, ses enfants, ses richesses, sont dans la main de l'officier qui commande la smala ; s'il passe à l'ennemi, sa famille paye pour lui. Enfin le spahi nous connaît ; il sait combien nous sommes puissants ; si mauvais qu'il soit, les bienfaits finissent par agir sur lui.

Le sort que nous faisons aux spahis est relativement magnifique ; ils nous en savent gré ; autant par reconnaissance que par égoïsme, ils épousent nos intérêts.

Les djouads (nobles) arabes aiment la guerre avec passion ; une fois spahis, ils ont à chaque instant des occasions pour *faire parler la poudre*. Presque tous les ans il y a quelque expédition sur les frontières ou dans le Sud ; on rassemble une partie des smalas en escadrons de guerre, et les spahis qui les composent reviennent *chargés de gloire et de butin* (c'est l'expression consacrée là-bas comme ici). Le spahi est le point de mire de toutes les jeunes filles des douars ; les jeunes gens l'envient et se racontent ses exploits ; les hommes le détestent et le craignent ; les vieillards fanatiques le maudissent parce qu'il sert les chrétiens. Autour de son nom il se fait du bruit, beaucoup de bruit.

Le spahi en est fier et se rengorge.

Quand il va visiter ses parents, il fait un petit cadeau à celui-ci et complimente celui-là ; il menace tel autre ; tout cela avec des poses de matamore et des airs de pourfendeur qui ont un grand succès dans le douar. Il se permet une foule de licences ; il traite le taleb (savant) d'imbécile, le cheick de ganache. Il promet à tous sa protection. Il est l'ami du fameux lieutenant D... qui est le cousin du général X.... ; il n'a qu'à dire un mot pour obtenir ce qu'il veut. Il affiche un luxe éblouissant : il a des foulards de soie, des éperons argentés, de l'or dans son mahommet (porte-monnaie) ; son sabre traîne à terre, faisant tapage ; les enfants font effort pour le soulever ; les hommes examinent son fusil et ses pistolets ; il brûle quelques cartouches, et voilà tout le monde en émoi. On sort des tentes ; les femmes, bravant toute retenue, l'entourent et l'admirent. Il leur distribue des sourires et des œillades.

On tue le mouton gras pour recevoir un si grand seigneur ; on fait bombance jusqu'au soir ; alors il se met à raconter ses exploits et ses aventures ; ce sont des récits intarissables sur Oran, sur Alger, sur le désert.

Les Arabes sont poëtes et menteurs, deux qualités qui en font les plus habiles conteurs du monde. Si le spahi est allé en Crimée, il prend aux yeux de son auditoire des proportions fantastiques. Les spahis sont hâbleurs ; nos Gascons ne sont rien à côté d'eux. Mais, en somme, comme nos Gascons, ils sont réellement très-braves, et ont belle figure, quand ils sont en selle, faisant caracoler leurs chevaux. Drapés dans leurs burnous rouges, armés jusqu'aux dents, ils ont des poses dignes du Cid.

Lorsqu'ils portent les dépêches, ils se donnent une importance qui serait amusante si elle n'avait pas son côté héroïque. Le spahi auquel un officier a confié un ordre écrit le défend jusqu'à la mort ; il attache son honneur à le remettre à destination.

On cite même à ce sujet un fait bizarre. Un spahi avait envie de déserter depuis longtemps ; son lieutenant lui confia une lettre ; il alla la porter et revint avec la réponse.

Dans la nuit, il essaya de fuir.

Il fut arrêté et conduit devant le lieutenant.

— Pourquoi n'as-tu pas déserté ce matin pendant la course que tu as faite? demanda l'officier.

— Parce que j'avais ta *carta* (ta dépêche) à porter, répondit le spahi.

En faveur de cette circonstance atténuante, le déserteur n'eut que deux mois de silo, au lieu d'être fusillé, après quoi on le dégrada.

Il ne survécut pas à l'affront d'être privé du burnous rouge, et il se brûla la cervelle.

Quoique moins fanatique que ses coreligionnaires, le spahi ne boit jamais de vin, croit fermement au prophète, et même, quand il *pose* devant ses compatriotes, conserve une gravité superbe.

Sous ce rapport, il est bien différent du turco, dont nous parlerons bientôt.

En dehors des spahis réguliers, il existe une milice indigène qui prend les armes à notre appel : ce sont les cavaliers Maghrens.

Tous nos caïds, aghas et bas-aghas ont un nombre assez considérable de cavaliers qui, moyennant l'exemption de corvée et d'impôt, servent de spahis aux auxiliaires. Quand on les emploie, on les paye ; quand on n'en a plus besoin, on les renvoie. Leurs troupes se nomment goums ; il ont rendu de grands services.

COLONS ET CHASSEURS

C'est une triste histoire que celle de la colonisation algérienne ; pendant les quinze premières années surtout, on commit faute sur faute, sans que les erreurs du passé fussent un enseignement pour l'avenir.

Tout d'abord on appela des émigrants qu'on installa au hasard dans la plaine de la Mitidja, à peine soumise, à peine connue ; les colons eurent à se garder et à garder leurs propriétés contre les Arabes ; les villages furent embastionnés, les habitants furent embrigadés et exercés au maniement des armes ; il leur fallait travailler le jour avec les fusils formés en faisceaux dans les champs, et faire des patrouilles la nuit pour empêcher l'incendie des récoltes.

La profession de *soldat laboureur,* qui fournit un si joli thème de romance, est fort ennuyeuse en réalité, et c'est trop à la fois pour la même main que la pioche et le fusil.

Néanmoins, grâce à leur énergie, les premiers colons végétaient tant bien que mal, quand les Hadjoutes se révoltèrent. Ils se ruèrent sur les villages naissants et les détruisirent après avoir égorgé la plupart des habitants. Il y eut dans cette insurrection des scènes sanglantes qui impressionnèrent vivement toute la population européenne; il en résulta un découragement profond parmi les émigrants.

Heureusement quelques actes d'héroïsme relevèrent un peu le moral des colons.

On raconte, entre autres, qu'une Alsacienne de quinze ans sauva par son courage sa famille, qui habitait, non loin d'Alger, une concession isolée. Une bande d'Arabes envahit cette concession pendant la nuit qui suivit l'insurrection; la jeune fille, réveillée par les aboiements des chiens, donna l'éveil aux gens de la maison (en tout cinq hommes et trois femmes). Déjà les Arabes avaient pu pénétrer dans la cour de la ferme, et ils se disposaient à enfoncer la porte du bâtiment, quand la jeune fille, armée d'une hache, eut l'audace de s'élancer contre eux; son père et ses frères la suivirent, frappant les Arabes à coups de pioche et de faux et les forçant à une fuite précipitée.

Lorsque, revenus de leur surprise, les assaillants tentèrent un nouvel assaut, la défense était organisée ; ils furent reçus à coups de fusil et ils durent renoncer à leur entreprise.

Ils avaient laissé cinq des leurs dans la cour de la concession, sur lesquels trois avaient été abattus par la jeune fille.

Un négociant anglais, en voyage en Algérie, ayant entendu parler de cette héroïque enfant, voulut la voir, la trouva charmante, l'épousa et l'emmena aux Indes avec ses parents.

Quand l'effroi causé par la grande razzia des Hadjoutes fut un peu passé, on releva les ruines des anciens villages, et on en fonda de nouveaux. Malheureusement, plus qu'aujourd'hui encore, l'élément militaire dominait dans la colonie. Quoiqu'on eût moins à craindre les indigènes que par le passé, les officiers chargés de former les centres de population s'occupèrent bien plus de les placer dans une forte situation stratégique que dans de bonnes conditions de culture.

Tel village fut élevé près d'un marais, tel autre à une lieue de toute fontaine ; plusieurs au milieu d'un terrain rocailleux.

Il est facile de comprendre pourquoi tant d'argent a été inutilement dépensé, pourquoi tant de colons se sont lassés et ont repassé la mer.

Mais les colons eux-mêmes eurent de grands torts ; un grand nombre d'entre eux vint en Algérie croyant y réaliser sans travail une fortune considérable.

Qu'on nous permette de le dire, il y en eut trop, beaucoup trop, qui, ayant mal fait leurs affaires en France, soit par paresse, soit par suite de débauche, se figuraient les rétablir en Afrique sans se corriger de leurs vices.

D'autres ne furent coupables que d'imprévoyance. Ayant une profession industrielle, ils allaient défricher le sol sans avoir jamais manié ni la pioche ni la bêche, ils avaient de la bonne volonté, mais cela ne suffit pas pour faire un bon laboureur. Témoin ce brave homme de chapelier qui, pour ensemencer un champ faisait des petits trous en terre avec un bâton pointu, déposait un grain de blé dans chaque trou et trouvait que la besogne n'avançait pas vite. Il retourna à ses feutres, rue Quincampoix, et il eut raison.

Que de gens peu sérieux ont émigré!

On se souvient d'un étudiant du quartier latin qui avait obtenu une concession et l'exploitait avec une étudiante; pendant qu'il piochait, sa compagne l'abritait contre le soleil avec une ombrelle de soie. L'étudiant travaillait ainsi pendant une heure, le plus gravement du monde, après quoi il se reposait toute la journée. En trois mois, il défricha huit mètres carrés de terrain, et encore laissa-t-il debout une grosse touffe de palmier-nain, sous prétexte *qu'elle faisait bien dans le paysage.*

Le gouvernement fournissait à ces émigrants une certaine somme, une paire de bœufs et une maison; mais, au bout de deux ans, le colon devait avoir remboursé les avances; faute de quoi sa concession était vendue. Or, la première année, la récolte manquait presque toujours, par suite de l'inexpérience des cultivateurs; la seconde année, elle ne rapportait pas assez pour payer. De tous les systèmes, celui des avances par l'État est peut-être le plus mauvais. « Après tout, se dit le colon, ce n'est pas « mon argent qui est exposé, » et au premier obstacle, il laisse la pioche de côté, vit deux ans à fainéanter, puis se fait rapatrier.

A la suite des insuccès forcés qui ont suivi les tentatives de colonisation, l'Algérie est tombée en défaveur dans l'opinion publique : il y a parmi les masses une foule de préjugés sur cette magnifique contrée.

Parce que, à la suite d'expéditions lointaines, nos soldats ont eu la fièvre et ont été atteints d'ophtalmie, on a conclu que l'Algérie était insalubre. On oublie que ces mêmes soldats, installés dans les camps ou dans les garnisons, jouissent d'une meilleure santé qu'en France, la statisque mortuaire des régiments en fait foi.

Parce que des villages établis dans les marais de la Mitidja ont été désolés par des épidémies, on a prétendu qu'en Afrique le choléra était en permanence ; or, Alger, Oran, Tlemcen, Milianah, etc., etc., sont les cités les plus saines du monde, de l'aveu de tous les voyageurs. Les Anglais, qui se connaissent en résidences, ont formé une colonie d'hiver à Alger ; au nombre de trois ou quatre cents valétudinaires, ils y passent la mauvaise saison ; ils s'en trouvent si bien, que chaque année le nombre de ceux qui viennent y rétablir leur santé augmente considérablement.

En France, nous avons une quantité vraiment effrayante de maladies qui font des victimes nombreuses : fièvres typhoïdes, fièvres cérébrales, rhumes et fluxions de poitrine, etc., etc., la nomenclature serait trop longue à détailler.

En Algérie il n'y a qu'une maladie, et elle n'est pas dangereuse : c'est la fièvre intermittente, dont la quinine guérit facilement. Et quel climat ! jamais de neige, jamais de longues pluies, même en hiver. En France, il faut compter avec les orages pendant les plus beaux jours de l'été. On dit : « Nous irons à la campagne dimanche, s'il ne pleut pas. »

En Afrique, on est sûr qu'il ne pleuvra pas pendant cinq mois au moins.

Quant à la chaleur, sans doute elle est écrasante pour

le soldat en marche; dans le sud ; mais dans les villes, sur une profondeur de cinquante lieues, elle est plus supportable qu'en France. Nous allons expliquer comment cette assertion, qui peut sembler paradoxale, est vraie en tout point.

En Algérie, la disposition des maisons, l'hygiène qu'on suit et les coutumes adoptées, permettent de passer la canicule sans en ressentir beaucoup les effets.

Citons, par exemple, la sieste que tout le monde observe, même les travailleurs et les soldats.

Chez nous, l'atmosphère est chargée de vapeurs humides que le soleil chauffe; il en résulte pour nous une température de fournaise qui énerve et fatigue. En Afrique, l'air est sec, et par conséquent vif et frais; on respire à l'aise.

Si l'on accuse l'Algérie d'être une terre malsaine, on ne peut nier son étonnante fertilité. Pendant l'occupation romaine, elle nourrissait dix millions d'habitants, et approvisionnait de son superflu une partie de l'empire ; on l'appelait le grenier de Rome. Aujourd'hui des colons sérieux sont venus, en trop petit nombre, il est vrai, mais ils ont réussi pleinement. Dans trois magnifiques villages, aux environs de Tlemcen, on a obtenu des résultats très-encourageants. La vigne vient à merveille, et le blé rend bien plus que dans la Beauce. Milianah, Mascara, Aïn-Temoutchen, Meserghin et tant d'autres villes ou villages, sont en pleine prospérité. Partout où un travail consciencieux a été soutenu par un peu d'or, le sol a été fécondé.

Nous croyons être agréable à nos lecteurs en disant

quelques mots des vins d'Afrique; ils ressemblent à ceux d'Italie. Ils sont très-riches en alcool et ont beaucoup de bouquet. Mascara produit une blanquette très-agréable et qui aura un jour une grande réputation.

Pour en finir avec les productions, rappelons que le coton de la colonie a été très-remarqué à l'exposition de Londres, et que le tabac se vend un franc la livre à Oran.

Nous ne pouvons, dans un article littéraire, entrer dans des détails d'économie politique et dans des dissertations agricoles; nous n'avons pas à examiner quel serait le meilleur moyen de colonisation, cependant nous signalerons les principaux obstacles qui arrêtent le courant de l'émigration.

Le premier de tous est le régime militaire sous lequel est placée la colonie. Quels que soient le talent et la bonne volonté d'un officier, il n'en est pas moins habitué à mener ses subordonnés *tambour battant*. Quand on n'a pas reçu une éducation militaire, on n'aime pas cette façon cavalière de conduire les hommes et les choses. Un fantassin peut être fier parce que son colonel lui a dit en jurant : Donne-moi du feu, imbécile ! Ce petit nom d'amitié et ce tutoiement affectueux plaisent médiocrement à un simple pékin, qui ne comprend pas, à tort ou à raison, l'honneur qu'on lui fait. Chacun a sa manière de voir. L'Algérie ressemble trop à un département en état de siége.

Rappelons aussi que l'Algérie n'a pas de députés, et que le conseil municipal des communes est nommé par le préfet. En face du Français vainqueur qui ne jouit pas de ses droits de citoyen, le Kabyle vaincu nomme son maire.

Il en résulte que les indigènes ont de nos colons la plus triste et la plus fausse idée; ils n'estiment que les soldats, et regardent comme des parias tous ceux qui ne portent pas un uniforme.

Quand il s'agit de l'Algérie, on tourne continuellement dans un cercle vicieux. On ne veut pas aventurer ses fonds pour créer des chemins de fer, parce que la population n'est pas assez nombreuse; on ne veut pas émigrer, parce que les chemins de fer ne sont pas faits et que le commerce n'a pas de débouchés faciles. En résumé, la contrée la plus riche, la plus fertile du monde reste inculte aux portes de la France. Si l'Algérie appartenait à l'Angleterre, il y aurait déjà cinq millions de colons répartis de la Tunisie au Maroc.

Notre orgueil national devrait souffrir en voyant les progrès immenses de certaines colonies britanniques situées à des milliers de lieues de la métropole, tandis qu'une terre, que l'on peut dire française, reste presque stationnaire.

Les colons algériens se divisent en quatre nationalités: l'Allemagne, la France, l'Italie, l'Espagne.

Les Espagnols habitent surtout la province d'Oran; ils sont agriculteurs, muletiers, marchands d'oranges ou pêcheurs. Ils portent le costume national de leur pays: une veste bariolée de couleurs bizarres, des pantalons très-larges, des espadrilles et un sombréro. Amateurs de sérénades, ils vont le soir par les rues d'Oran jouant de la guitare et chantant d'une voix nazillarde des romances ennuyeuses. La femme sous les fenêtres de laquelle un galant s'arrête pour lui psalmodier son amour avec un ton lamentable, doit être peu charmée d'une pareille musique. On croirait entendre un *De profundis* avec le monotone accompagnement de la guitare.

S'il faut en croire la chronique scandaleuse, les Espagnoles préfèrent à ces lamentations ennuyeuses les galants propos que les Français ont le privilége de savoir murmurer aux oreilles féminines.

Les Espagnoles qu'on rencontre à Oran sont belles parfois, jolies souvent, piquantes toujours ; avec de longs et magnifiques cheveux noirs, avec des yeux qui resplendissent sous des sourcils hardiment dessinés; elles ont des petits pieds mignons, des mains d'enfant, et une taille admirablement prise. Le dimanche, les femme d'une même famille dansent sous les figuiers de leurs jardins, au bruit des castagnettes, avec une grâce, un entrain, une fougue, qui font de ce spectacle le plus charmant qu'on puisse voir en ce genre.

Capable d'un dévouement sans bornes, une femme espagnole se venge cruellement d'une infidélité. Un officier avait abandonné une jeune fille, originaire de Carthagène, pour aller contracter en France un mariage projeté par sa famille. Le matin même du jour de la cérémonie nuptiale on le trouva poignardé dans son lit ; une jeune fille, assise sur une chaise, semblait dormir. On essaya en vain de l'éveiller ; elle avait le cœur traversé par la lame d'un stylet. L'Espagnole s'était vengée et suicidée ensuite. En revanche, bien différente en cela des dames françaises, qui n'aiment pas à s'expatrier, les Espagnoles suivent au bout du monde l'homme qu'elles ont choisi.

Un officier d'infanterie fut fort étonné, un jour, de voir entrer sous sa tente, en Crimée, une jeune Castillane qu'il avait laissée à Oran. Pendant toute la campagne, elle tint un petit établissement à Kamiesch et parvint même à réaliser une petite fortune. Elle mena une conduite si exemplaire, que l'officier, à la fin de la guerre, donna sa démission pour l'épouser. Il a depuis obtenu une fort belle concession, que l'on évalue maintenant à une centaine de mille francs. Il n'a pas eu, dit-on, à se repentir de son mariage.

Si les femmes espagnoles n'éprouvent aucune répulsion pour les Français, il n'en est pas de même de leurs frères et de leurs maris, qui nous ont voué une haine féroce.

Ils ne vivent qu'entre eux et évitent toute relation avec nous.

A chaque instant des rixes éclatent entre les hommes des deux nations, rixes sanglantes qui se terminent à coups de couteau.

Il faut espérer que cet état de choses cessera peu à peu, grâce à des rapports plus fréquents, grâce surtout à MM. les gendarmes, dont le tricorne a une influence civilisatrice incontestable.

Les Maltais sont surtout restaurateurs; ce sont les plus habiles cuisiniers de l'Algérie. Ils ont inventé le restaurant à *quinze centimes la portion!* Nous avons goûté plus d'une fois de leur cuisine, et nous n'avons pas eu à nous en plaindre. C'est l'idéal de la vie à bon marché.

Puisque nous en sommes sur la question de vivres, nous allons donner une idée de la façon dont on se nourrit en Afrique : il y a deux manières de vivre; la première est de se conformer aux habitudes du pays et de se borner à ses ressources; en ce cas, on s'en tire à bon compte. Le gibier (lièvres, lapins, perdrix, cailles, gazelles, etc.) se vend à bas prix; le poisson de mer aussi; les légumes, dans la plupart des villes, sont d'un bon marché fabuleux, et le vin d'Espagne n'est pas cher.

Mais si, au lieu de manger de la gazelle, on exige du chevreuil; si l'on boit du vin de France et si l'on veut des truffes, la carte d'un dîner atteint un total exorbitant.

Les Maltais, outre leur profession de restaurateur, suivent aussi les colonnes en marche. Ils réalisent à la suite de l'armée des bénéfices énormes; tel qui est parti avec un âne et un tonnelet d'eau-de-vie pour toute fortune est revenu à Alger, après trois ans de campagne, avec un bénéfice de trente mille francs.

Les Allemands sont les meilleurs agriculteurs de la colonie; malheureusement ils ne sont pas nombreux.

Nous terminons cette nomenclature par les Français, parce que, quand on est chez soi, on doit faire aux étrangers les honneurs de sa propriété.

Les Français, nous l'avons dit, s'adonnent peu à l'agriculture; ils sont presque tous ouvriers ou employés. Nous n'avons pas à définir le caractère de nos nationaux; cependant, nous ferons observer qu'en Algérie, plus qu'ailleurs, on a remarqué notre extrême timidité, quand il s'agit d'aventurer un capital, et notre audace, quand il n'y a qu'à payer de notre personne.

Tel colon possesseur de cent mille francs improductifs, ou à peu près, n'osera les placer dans une entreprise qui a toutes sortes de chances de réussir; et il traversera seul, à minuit, le ravin de Djemmâa Maghazouët, où il risquera vingt fois de perdre la vie.

Parmi les colons aventureux, nous avons remarqué bien des types bizarres; nous nous souvenons particulièrement d'un marchand de coco qui en temps de paix, débitait tranquillement sa marchandise dans les rues d'Alger. Mais, dès que l'on se battait quelque part, il fallait qu'il assistât à tous les combats. Il a fait avec notre régiment (le 2ᵉ zouaves) les expéditions de Kabylie en 1856 et 1857 et la campagne d'Italie en 1859.

Il vendait son coco pendant les marches et suivait les tirailleurs jusque sous le feu de l'ennemi. Sa boîte en fer-blanc, ornée d'un superbe soleil de cuivre doré, et surmontée d'une longue plume d'autruche, étincelait orgueilleusement aux yeux des Kabyles. Ceux-ci ne sachant trop ce que pouvait être ce singulier instrument, se figuraient que le marchand de coco était pour le moins un général; toutes les fois qu'ils le voyaient apparaître ils poussaient leur cri de guerre avec fureur et se ruaient sur nos soldats pour s'emparer du grand *kébir* (chef) des Français. Chacune de ces tentatives leur coûtait cher. Le marchand de coco, impassible, distribuait ses rafraîchissements aux combattants sans se soucier des balles.

Il était très-aimé et très-estimé des zouaves; il avait une crânerie drôlatique qui leur plaisait extrêmement. Quand on allait au feu, il faisait des discours et parodiait les allocutions célèbres.

Au combat des Beni-Doualas, combat très-meurtrier, il criait aux zouaves en leur montrant la plume d'autruche de sa boîte en fer-blanc :

— Mes enfants ! ralliez-vous autour de mon panache blanc, il vous montrera toujours le chemin de la croix d'honneur !

Une autre fois, sa boîte fut crevée par une balle et le coco se répandit ; il eut un accès de colère comique et cria : Soldats, je suis blessé ; vengez votre général !

A l'affaire d'Icharideu, les femmes kabyles de la tribu des Beni-Raten, qui venait d'être soumise, regardaient le combat sur le sommet de Souk-el-Arbâa ; elles voulaient voir comment les Français se comportaient au feu.

Un peu avant l'assaut, le marchand de coco, montrant les montagnardes aux zouaves, leur dit : Camarades ! songez que du haut de ce mamelon cinq cents Bédouines vous contemplent. !... Ce jour-là nous eûmes six cents morts ou blessés ; le marchand de coco attribua à son discours la bravoure déployée par nos soldats. Il en était arrivé à se prendre au sérieux ; il regardait sa boîte en fer-blanc comme le palladium du 2e zouaves. Il disait avec emphase après la bataille de Solferino : « J'ai failli être enlevé par les Autrichiens ; mais les zouaves n'ont pas voulu subir une pareille honte ! »

A Magenta, un général lui demanda combien il vendait ses verres de coco.

— Aujourd'hui, mon général, répondit-il, l'armée française donne un bal aux Autrichiens ; mes zouaves se chargent de la *danse* et moi des rafraîchissements. Le tout est gratis.

Le marchand de coco doit être au Mexique à l'heure qu'il est ; mais sa boîte en fer-blanc est restée en Italie ; elle a été coupée en deux par un boulet devant Peschiera.

Il existe en Algérie plusieurs industries assez curieuses pour être citées.

Un zouave avait remarqué que les Arabes ignoraient l'usage des moulins à eau : pour broyer le grain, ils se servent de deux pierres dures, qu'ils tournent à l'aide d'une manivelle.

Le zouave, quand il eut son congé, s'associa avec un colon qui possédait quelques fonds. Ils firent construire tous deux, sur les bords de la Tafna, un moulin très-simple, qui leur coûta fort peu de chose. Quand les meules furent prêtes à recevoir le blé, le zouave invita les indigènes des environs à essayer d'un procédé nouveau pour eux.

Les Arabes sont très-partisans de toutes les innovations qui peuvent épargner une fatigue à leur paresse, ils furent enchantés du moulin et du meunier. Très-généreux quand il s'agit de payer en nature, ils abandonnèrent au zouave jusqu'au quart de la mouture, et ils lui prêtaient volontiers leurs mulets pour transporter son blé à Nemours, d'où il était expédié par mer à Oran.

En peu de temps les meuniers devinrent riches : ils firent en grand le commerce des blés, et réalisèrent des bénéfices énormes.

D'autres colons commencent à imiter cet exemple. On compte cinq moulins le long de la Tafna.

Un autre zouave eut l'idée d'élever des porcs sur les terrains incultes qui bordent cette rivière : il commença avec un petit troupeau qui s'augmenta rapidement. Aujourd'hui il possède trois mille porcs ; il les garde à cheval avec l'aide de cinq ou six nègres.

Tous les ans il fait des salaisons, qu'il expédie sur Marseille et sur Gênes.

Un artiste auvergnat (il jouait de l'orgue de Barbarie), en allant de Tlemcem à Mascara, s'égara, et fut rencontré hors de sa route par des Arabes qui l'emmenèrent dans leur douar; il portait avec lui son orgue de Barbarie. La tribu était en fête quand il arriva avec ses guides. Le cheick mariait sa fille. Pour se faire bien venir de ses hôtes, l'Auvergnat leur joua l'air entraînant : *Ah! il a des bottes Bastien!*

Les Bédouins, ébahis, considéraient l'orgue avec terreur. Ils se demandaient quel être étrange pouvait chanter ainsi dans une boîte en bois.

Mais ce fut bien autre chose quand l'Auvergnat, levant le couvercle de l'orgue, ils virent danser une foule de petites marionnettes.

Ils crurent que c'étaient ces petits bonshommes qui donnaient le concert. Ils se seraient enfuis si la figure réjouie et le sourire bénévole de l'Auvergnat ne les avaient pas rassurés.

Peu à peu les plus hardis osèrent toucher à l'instrument; le cheick même se hasarda à tourner la manivelle, et il joua tout un morceau de la *Favorite*. Dans son enthousiasme, il embrassa l'Auvergnat, qui assista au repas de noces et fit de la musique à tour de bras toute la nuit. Quand il demanda à retourner à Tlemcem, on l'engagea à rester : on lui offrit une tente, une femme, des troupeaux. La tente était presque neuve, la femme était jolie, les troupeaux assez nombreux; il accepta. Il charmait tous les soirs la tribu qui l'avait adopté, et allait faire danser les Arabes à vingt lieues à la ronde. Il était, lui et son orgue, le plus bel ornement de toutes les noces et de toutes les fêtes.

Malheureusement le pauvre homme fit une fâcheuse rencontre un soir qu'il revenait de Tlemcem, où il avait été faire raccommoder un rouage de son instrument. Il avait profité de cette circonstance pour fêter Bacchus, et, dans un accès de bonne humeur, il jouait de l'orgue le long du chemin.

Survint un lion qui aimait la chair fraîche et n'aimait pas la musique. Il brisa l'orgue d'un coup de griffe et dévora le musicien. Les Arabes furent inconsolables.

En somme, nous avons la conviction profonde que tout émigrant qui, possédant quelque argent, voudra travailler en Algérie, sera certain d'y faire une fortune plus rapide qu'en France.

Ici, qu'il nous soit permis d'adresser en passant, timidement et respectueusement, un reproche aux dames françaises. Mères ou épouses, elles s'opposent autant qu'elles le peuvent à toute émigration ; elles sont surtout peu favorables à l'Algérie. Si un enfant ou un mari veut passer la Méditerranée, ne serait-ce même que pour visiter Alger, elles s'y opposent le plus qu'elles peuvent.

Quant à venir elles-mêmes embellir nos cités africaines par leur présence, elles ne s'y résignent que très-difficilement.

Pourtant il n'est pas un pays au monde où les dames françaises soient plus environnées d'hommages que dans cette belle colonie, à laquelle leur absence est si fatale.

Nous osons les prier de prendre sous leur protection

une contrée splendide, qui serait pour elles un paradis et pour la France une source féconde de richesses, si elles daignaient accueillir favorablement notre requête.

L'Algérie est la terre promise des chasseurs; le gibier y foisonne. En France, il faut battre la plaine et la montagne pour tuer un lièvre; encore revient-on souvent *bredouille.*

En Afrique, aussitôt que l'on a mis le pied hors d'une tribu, les lièvres vous partent dans les jambes et les perdrix s'envolent sous le canon de votre fusil. Dans les environs des redoutes, il n'est pas rare d'abattre dix pièces en une heure. Mais, outre le plaisir de tirer souvent, on éprouve en Afrique des émotions profondes et soudaines que recherchent avidement les natures énergiques.

A chaque instant la poursuite du gibier est semée d'incidents inattendus, tantôt terribles, tantôt amusants, toujours étranges, qui lui donnent le charme de l'imprévu et l'attrait puissant du danger. Les scènes de chasse se déroulent au milieu des sites les plus variés et les plus pittoresques, où se heurtent les contrastes si tranchés des paysages algériens. Au printemps, à peine a-t-on quitté les villes, on se trouvent au milieu de solitudes profondes et mystérieuses, que la civilisation n'a pas encore déflorées; la nature a conservé son aspect sauvage et ses grâces virginales; l'air est saturé de l'âcre parfum des fleurs tropicales; la terre est couverte d'une végétation luxuriante; le soleil resplendit dans l'azur d'un ciel d'une limpidité inconnue dans nos climats brumeux. Et pas d'entraves, pas d'ennuis! on jouit d'une liberté entière pourvu que l'on s'enfonce à quelques lieues du littoral, dans les territoires de chasse.

Nous ne voulons médire de personne, et nous convenons que la silhouette d'un beau gendarme se dressant au milieu d'un champ a quelque chose de majestueux. Mais les plus belles médailles ont un revers, et le revers du gendarme est le procès-verbal, qui n'a rien d'agréable.

Il faut avouer pourtant que, pour les natures craintives, la chasse algérienne a des inconvénients : en guettant un lièvre, on peut se trouver en face d'un lion. Mais les lions ne sont pas aussi nombreux que les grains de sable, et l'on peut, avec de la prudence, éviter leurs griffes. M. Jules Gérard a fait sur le lion un très-beau livre, et, comme il l'a dit avec raison, on ne peut que glaner après lui sur un tel sujet, que nous n'aurions pas abordé sans la nécessité où nous sommes de compléter nos esquisses algériennes.

Un lion a une face presque humaine. Le front, vaste, élevé, est creusé de deux plis profonds entre les sourcils. L'œil du lion a des éclairs de bonté et d'intelligence qu'on ne retrouve que dans l'œil de l'éléphant et dans celui de l'homme et du chien. Quand la colère contracte cette face, elle prend une expression terrible.

Il est impossible de se figurer, à moins de l'avoir ressentie, l'impression que produit le regard du lion. Quand il pèse sur vous, il en jaillit des étincelles qui terrifient; il darde des rayons magnétiques qui donnent le frisson; il semble que l'on a les chairs percées jusqu'aux os par des pointes d'aiguilles. Comme le disent les Arabes, il faut bien savoir *tenir son âme* pour ne pas fuir, quand la crinière hérissée, la lèvre contractée par un rictus menaçant, vous tenant sous son œil, le lion s'apprête à bondir. Il faut pour cela un courage spécial formé de tous les autres, et qui est à la fois le sang-froid britannique, l'intrépidité flamande, le flegme allemand et la bravoure française. On compte les hommes qui ont tué des lions, et ils ne sont pas nombreux. Les chasseurs les plus braves, quand ils entendent le rugissement du lion, ne sortent ni de leur tente ni de leur gourbi.

Ce rugissement est sourd et profond au début comme le roulement lointain d'une cataracte; il suit une gamme ascendante de sons rauques et impétueux, comme le souffle du vent dans une tourmente; il éclate avec le fracas du tonnerre, puis il va s'affaiblissant de note en note, comme une détonation d'artillerie qui se perd d'écho en écho. Tous ceux qui entendent ce cri, croient sentir la terre trembler sous leurs pieds : nous allons essayer de donner une idée de l'effet qu'il produit.

Il y avait dans un régiment nouvellement arrivé en Afrique un sergent qui désirait tuer un lion ; ce sergent commandait un détachement de cinquante hommes, chargé de couper du bois dans une forêt où un lion avait fait élection de domicile. Le sergent se procura une chèvre et emmena ses cinquante hommes, munis de leurs fusils, à l'affût dans la forêt. Il plaça ses soldats sur des arbres très-élevés, qui bordaient une fontaine où le lion avait l'habitude de venir boire avant de commencer sa tournée. La chèvre fut attachée à un piquet au pied des arbres pour servir d'appât. Après avoir pris toutes ces dispositions, le sergent fit l'honneur au plus vieux caporal de grimper sur le figuier où il était juché; il s'installa commodément un peu au-dessus dudit caporal, comme l'exigeait la hiérarchie, et il recommanda à tout son monde de ne tirer que sur son ordre. Sur ce, chacun alluma sa pipe, et l'on attendit le lion en fumant.

Le soleil était couché depuis une heure quand il apparut tout à coup : il avait aperçu à travers la feuillée le feu des pipes, et il avait compris que quelque chose d'extraordinaire se passait. Mais il n'en avança pas moins bravement jusque sous les arbres, promena de branche en branche son regard menaçant, et poussa un rugissement effroyable.

Le sergent, glacé de terreur, s'évanouit sur sa branche, une dizaine d'hommes laissèrent tomber d'effroi leurs fusils à terre ; un caporal dégringola en bas de son perchoir ; les dents des moins poltrons s'entre-choquaient ; il y eut un conscrit qui cria : Au voleur !

Heureusement pour celui qui était à terre, le lion vit la chèvre qui se débattait pour fuir, et la préféra à l'homme étendu, qui lui sembla mort. Il étrangla la chèvre et l'emporta.

Les malheureux soldats n'osèrent quitter leurs arbres que le lendemain à l'aube.

Le sergent perdit pour toujours l'envie de tuer des lions ; quant au caporal qui était tombé, il eut cette étrange maladie qu'on appelle la *peur du lion*, et il en mourut. Cette maladie commence par une fièvre et se termine par des convulsions qui amènent la mort.

Il y a deux espèces de lion : l'une, la plus petite, la

plus basse sur pattes, la plus trapue et la plus forte, a le poil noir; l'autre a le pelage fauve.

Il y a aussi des lions tout blancs de vieillesse; on parlait beaucoup pendant notre séjour en Algérie d'un de ces vieux lions qui était devenu aveugle et que ses lionceaux nourrissaient. Il avait une taille colossale, et son repaire était situé non loin de Tegdempt. On nous a affirmé que, autour de son repaire, il y avait tant d'ossements entassés que l'on en aurait rempli plusieurs chariots. Le lion a l'instinct de la famille; il ne quitte sa femelle, lorsqu'il la quitte toutefois, que quand les lionceaux ont trois ans. Il fait avec le plus grand soin l'éducation de ses rejetons; il va souvent chercher dans les troupeaux des Arabes sept ou huit têtes de bétail, et il les amène devant sa progéniture, à laquelle il apprend comment se donne un coup de dent et un coup de griffe.

Parfois les lionceaux, au lieu de prendre au sérieux les leçons de leur père, s'amusent à jouer avec la proie; ils reçoivent alors des corrections qui pour être paternelles n'en sont pas moins rudes; ce qui semblerait prouver que les lions connaissent l'adage célèbre : « Qui aime bien châtie bien. » Le lion ne chasse jamais; quand il a faim, il entre dans un douar, choisit le plus beau mouton ou le bœuf le plus gras et l'emporte. Quand il ne veut pas se charger d'un fardeau, il n'étrangle pas sa proie.

Il saisit une de ses oreilles entre ses dents, et à grands coups de queue force l'animal à avancer; les baudets seuls se refusent à suivre complaisamment ce terrible cicérone. Il se roidissent de toutes leurs forces et tirent sur leur oreille, que le lion serre de plus en plus fort, jusqu'au moment où elle lui reste dans la gueule. Alors le baudet prend le galop, et réussit parfois à s'échapper. Le lion a le pas très-allongé, il peut fournir trois bonds énormes, mais il ne court pas bien; il lui est impossible de rattraper un cheval lancé au galop. Les cavaliers arabes, quand ils peuvent l'attirer dans une plaine, en viennent à bout facilement et sans risques. Ils le criblent de balles à distance, en maintenant leurs coursiers hors de la portée de ses élans.

On prend aussi le lion dans des fosses recouvertes de branches d'arbre et d'une couche de terre; c'est ordinairement le moyen le moins dangereux de s'en emparer. Mais si le lion a une famille, ses rugissements l'avertissent du malheur qui lui est arrivé. Alors la femelle et les petits accourent à son secours. On raconte qu'un lion étant tombé dans une fosse pendant la nuit, les Arabes vinrent le matin pour le tuer à coups de fusil. Comme ils étaient rassemblés autour du trou, un rugissement éclata derrière eux, un autre à gauche, un troisième en face; les malheureux étaient cernés par la famille du prisonnier qui fit un carnage effroyable. Une dizaine d'hommes restèrent sur le terrain et les autres s'enfuirent presque tous affreusement mutilés.

Après cet exploit, la femelle, grattant la terre avec ses griffes, parvint à faire un chemin en pente douce au mâle, qui sortit de sa prison. Et voilà précisément où l'intelligence des lions éclate : dans la vengeance. A peine délivré, le lion alla droit au douar suivi des siens. Il ne laissa pas une tente debout, pas un mouton vivant;

heureusement les habitants à son approche s'étaient enfuis.

Quand un lion est attaqué, il bondit sur l'homme qui a tiré le premier ou qui paraît commander aux autres ; s'il y a un nègre dans la troupe qui vient l'assaillir, il s'acharne sur lui de préférence à tout autre.

Pourquoi ? On ne sait ?

Les nègres, quand ils parlent du lion, se montrent très-fiers de l'attention délicate avec laquelle il s'occupe d'eux ; ils prétendent que les lions les prennent pour des diables, ce qui les flattent énormément.

Le lion dort pendant le jour et se met en quête d'une proie à la nuit tombante. Comme tous les animaux de race féline, il ne voit pas bien clair tant que le soleil est sur l'horizon. Lorsque l'on rencontre un lion avant le crépuscule, il est rare qu'il soit à jeun ; aussi, moitié par paresse, moitié par insouciance, se montre-t-il assez débonnaire envers les voyageurs qui se trouvent sur son chemin : rien ne dispose à l'indulgence comme d'avoir bien dîné. Il ne faudrait pas, l'heure de la retraite passée, se fier à la générosité du lion : ventre affamé est sans pitié. C'est l'avis de tous ceux qui ont étudié ses mœurs.

Il y a en Algérie plusieurs tueurs de lions ; mais ce sera particulièrement l'honneur de M. Jules Gérard d'avoir osé, le premier parmi les Européens, se mesurer seul avec le plus grand et le plus redoutable carnassier de la création. Seul !

Il faut déjà être trois fois brave pour oser s'aventurer dans les ravins d'Afrique, quand les ténèbres viennent ajouter leurs embûches aux dangers qu'ils recèlent. La nuit, en Algérie, est pleine de bruissements étranges, inexplicables, qui forment une harmonie plaintive et mystérieuse dont l'âme est profondément troublée.

Des formes bizarres surgissent dans l'obscurité, des ombres fantastiques paraissent et disparaissent avec une inconcevable rapidité, les fantômes de l'imagination surexcitée se mêlent aux réalités monstrueuses, et tous ces êtres effrayants dansent une sarabande infernale autour de l'homme isolé au milieu de ces causes de terreur.

Qu'on se figure, après cette mise en scène, deux prunelles fulgurantes séparées par deux largeurs de main étincelant soudain derrière un buisson, et l'on aura une idée du courage qu'il a fallu à M. Jules Gérard pour tirer son premier lion. Après lui, M. Bombonnel, qui avait abattu une vingtaine de panthères, s'est mis à chasser le lion en compagnie de M. Chastaing. Dans une seule nuit ils en ont abattu cinq. La carabine Devisme, à balle explosible, leur a été d'un grand secours.

Après le lion, la panthère.

Moins forte, moins grande, moins brave que le lion, la panthère est pourtant plus dangereuse à chasser. Quand il aborde un ennemi, le lion se présente de face; avant de s'élancer, il se promène de long en large devant son adversaire. On a le temps de s'affermir, de viser, et de tirer sûrement.

La panthère, au contraire, se glisse sans bruit vers la chèvre ou le mouton qui sert d'appât ; si elle aperçoit le chasseur à l'embuscade, c'est un homme perdu ; elle tombe sur lui sans qu'il ait été prévenu de son approche, tant sa marche est légère; elle l'étrangle avant qu'il ait eu le temps de se reconnaître.

Sans doute sa mâchoire est moins puissante que celle du lion, sa griffe est moins longue, mais cette mâchoire n'en brise pas moins un crâne, cette griffe n'en déchire pas moins une poitrine. Il existe en Afrique un carnassier qui tient à la fois du lion et de la panthère : le léopard ! Il provient du croisement des deux espèces.

La dentition des lionnes étant extrêmement difficile, beaucoup de femelles meurent à deux ans. D'un autre côté la panthère mâle, quand elle a atteint quatre ans, excite la jalousie de son père, qui l'étrangle le plus souvent.

Les lions mâles s'unissent avec les panthères femelles ; le fait, tout extraordinaire qu'il puisse paraître, est prouvé; et quand on remonte à l'étymologie latine du mot léopard, on est tenté de croire que cette union des deux races était connue des Romains. Comme M. Jules Gérard est le héros de la chasse aux lions, M. Bombonnel est celui de la chasse aux panthères; il porte les cicatrices d'un combat corps à corps soutenu contre un de ces animaux. M. Bombonnel a déployé dans cette lutte une présence d'esprit et un courage héroïques.

La panthère s'apprivoise plus facilement que les lions, qui deviennent sombres et dangereux dès qu'ils sont adultes. Nous avons vu des panthères de sept à huit ans parfaitement dressées, douces, soumises, craintives même.

Charmantes de pelage, gracieuses de forme, vives dans leurs gestes, les panthères ont une souplesse, une vigueur, une agilité, qui en font les plus élégants des animaux de la race féline.

C'est un ravissant spectacle que de voir, au printemps, un de leur couple se jouer sur les bords d'un ruisseau, au milieu des thuyas et des lauriers-roses en fleur.

Il est toujours bon de redresser un préjugé. Nous saisissons avec empressement l'occasion d'affirmer, avec M. Bombonnel, que la panthère ne grimpe pas sur les arbres.

En voici une preuve.

Une panthère apprivoisée, appartenant à un colon d'Oran, fut enfermée dans une cour au milieu de laquelle s'élevait un chêne magnifique. Au sommet de ce chêne on avait garrotté un agneau vivant qui bêlait. La panthère resta deux jours entiers sans manger au pied de l'arbre, le cou tendu vers l'agneau, dont elle eût soupé volontiers si elle avait pu arriver jusqu'à lui. Mais tous ses efforts pour atteindre ce but furent vains.

Il est un animal dont les uns ont fait un monstre de férocité et les autres un type de lâcheté, l'hyène. La vérité est qu'il existe deux variétés d'hyènes; l'une petite, et dont la robe est unie; l'autre grande, et dont le pelage est rayé de bandes transversales.

La première se laisse frapper sans chercher à se défendre, quand on la surprend dans quelque grotte dont elle ne peut sortir. La seconde est assez hardie pour pénétrer dans les camps, entrer dans les cabanes qui servent de cuisine, et enlever la viande de l'ordinaire des compagnies.

Une sentinelle voulut porter un coup de baïonnette à

une de ces hyènes, et la manqua. Elle se jeta sur le fusil, broya le bois dans ses mâchoires et laissa ses dents marquées sur le fer du canon.

Heureusement le factionnaire portait sur lui un couteau à l'aide duquel il parvint à se débarrasser de son ennemie en la tuant.

Le sanglier d'Afrique a les mêmes mœurs que celui de France ; on le chasse de la même façon que le nôtre. Les solitaires osent tenir tête au lion, qui les attaque toujours quand il les rencontre, probablement parce qu'ils sont noirs. Quand le lion bondit, le sanglier le reçoit sur ses défenses et l'éventre.

On a vu parfois les deux adversaires étendus morts l'un à côté de l'autre.

Le lynx est une sorte de chat sauvage qui porte un paquet de poils hérissés au bout de ses oreilles. Les rois ont des courtisans à leur suite, les riches ont des parasites à leur table : le lynx est le courtisan et le parasite du lion ; il l'accompagne souvent dans ses courses et mange ses restes.

Cet animal a l'habitude assez désagréable de s'embusquer sur les arbres ou sur les rochers, et de sauter sur toute proie qui passe à sa portée. Si grosse qu'elle soit, il la mord sur la nuque et lui casse les vertèbres du cou.

Le chacal tient le milieu entre le chien et le renard ; il est tout à fait inoffensif pour l'homme. Un gamin armé d'un bâton mettrait en déroute une bande de cent chacals ; il n'est pas rare de voir ces animaux errer dans les plaines par troupes de quarante à cinquante maraudeurs en quête d'une proie. Le chacal s'accommode de toute espèce de nourriture ; mais les animaux abattus et abandonnés aux environs des villes et des tribus forment dans ses repas les plats de résistance ; comme hors-d'œuvre, il étrangle les perdrix ou les lapins qu'il peut prendre ; comme dessert, il mange du miel.

Il a un procédé assez habile pour s'emparer des ruches : il se roule dans la fange, la laisse sécher sur son corps, et, couvert de cette espèce de cuirasse, il se glisse aussi près que possible de celle qu'il convoite, se dresse sur ses pattes de derrière, et la pousse avec celles de devant. Les abeilles se jettent sur lui, mais il cache sa tête sous son ventre et ne présente que son dos à leurs piqûres. Toute la petite république ailée s'acharne sur lui ; alors il se roule à terre et écrase ses adversaires sous le poids de son corps. Il renouvelle cette manœuvre jusqu'à ce qu'il les ait exterminés tous ; puis il jouit tranquillement du prix de sa victoire.

On le voit, le chacal est un rusé compère. Dans une nuit d'embuscade, nous avons assisté, avec deux de nos amis à un spectacle très-amusant. Non loin de nous était un figuier dont les fruits étaient mûrs ; survint une famille de chacals, qui sans doute avait déjà rendu visite à cet arbre la nuit précédente. Sans hésiter une minute, trois des plus forts se placèrent bien serrés les uns contre les autres, sous une des branches du figuier, et le plus agile de la bande grimpa sur leur dos. Il s'affermit de son mieux et se dressa à la façon des écureuils. Il saisit la branche avec ses pattes, l'attira à portée de sa gueule et s'y suspendit en la mordant.

Les autres chacals s'écartèrent, et il se livra à un exercice de gymnastique, qui avait pour but de secouer la branche pour faire tomber les fruits. Quand il se fut suffisamment balancé de haut en bas, il lâcha la branche et se mit à manger des figues avec ses camarades. Nous n'eûmes pas le courage d'interrompre par un coup de fusil ce repas habilement gagné. Rien n'est plus facile que d'apprivoiser les chacals; il y en a toujours une dizaine dans les camps, qui amusent nos soldats par la gaieté de leurs allures et la malice de leurs tours.

Les chiens boudent ces étrangers, qui pourtant leur font mille caresses; ces pauvres chacals en sont pour leurs avances, et jamais nous n'en avons vu un seul vivre en bonne amitié avec un chien.

La gazelle est si jolie qu'elle sert de terme de comparaison aux poëtes; elle aussi s'apprivoise facilement, et rien n'est plus gracieux que de voir une dame algérienne suivie de sa gazelle favorite.

On chasse les gazelles avec une carabine à longue portée. Il y a des tireurs qui les abattent à mille mètres.

Le menu gibier, lapins, lièvres et perdrix, est si abondant qu'on dresse les chiens, non à le guetter, mais à le rapporter quand il est abattu.

Il y a trois chasses : celle du matin, celle de midi, celle du soir.

Le matin, on s'embusque auprès d'un ruisseau ou au bord d'un bois; le gibier vient boire ou il va manger; on trouve à placer vingt coups de feu avant que le soleil ait séché la rosée. La chasse de midi est fatigante, mais fructueuse; la chaleur est si grande en rase campagne que les lièvres et les perdrix sont remisés sous des buissons et y dorment.

Ils sont comme stupéfiés, et on a toutes les peines du monde à les faire lever; il faut frapper les buissons à coups de bâton pour les en faire sortir; quelquefois on y met le feu. Quand les feuilles des jujubiers ont flambé, on trouve souvent au pied des touffes des perdrix qui ont été grillées toutes vives. Et c'est ainsi que les chasseurs en Algérie trouvent le gibier tout rôti.

C'est toujours une grande imprudence d'allumer un incendie dans les campagnes algériennes; les Arabes ont cette fatale habitude, soit pour chasser les lions de leurs fourrés, soit pour engraisser la terre avec les cendres. En été, les herbes et les broussailles desséchées s'enflamment avec une effrayante rapidité et couvrent en un instant des espaces immenses. On voit parfois un rideau de feu qui se déroule à perte de vue, et, poussé par le vent, gagne de proche en proche rapidement. Un peloton de spahis fut un jour forcé de fuir à toute bride, jusqu'aux bords de la mer devant un de ces incendies.

Maintenant, ce n'est point un roman que nous allons essayer, mais bien une histoire héroïque, un des fastes les plus célèbres de nos guerres contemporaines : la défense de Mazagran!...

MAZAGRAN

I.

Il est des faits d'armes qui, peu importants quant au nombre de troupes engagées, restent gravés dans la mémoire des hommes ; c'est qu'ils donnent la mesure de la valeur d'un peuple.

L'antiquité nous a légué l'impérissable souvenir de la défense des Thermopyles par les trois cents Spartiates de Léonidas, et, à lire le récit de leur dévouement sublime, on se sent pris, pour Lacédémone qui enfanta ces héros, d'une admiration sans bornes.

Si braves et si grands qu'ils fussent, ces Grecs dont on cite ce trait fameux, nos soldats vont à leur taille ; et dans la seule histoire de nos campagnes d'Afrique, nous avons à citer maints combats où les nôtres surent mourir comme on mourait aux Thermopyles !...

Mais, parmi ces faits de guerre, il en est un surtout qui retentira longtemps dans les âges : c'est Mazagran !...

Là, cent vingt-trois Français, non point une de ces troupes d'élite, non point une de ces cohortes de volontaires dont on a le droit d'attendre des merveilles, mais une compagnie de fantassins, soutint pendant six jours et six nuits un siége contre une armée qui déploya elle-même un courage surprenant, car elle laissa mille hommes couchés sur le terrain, pour attester l'acharnement de ses attaques.

Ils étaient quinze mille Arabes!...

La plaine en était toute blanche.

Pour chef, cette armée avait Abd-el-Kader, l'un des plus grands génies militaires que l'Orient ait produits.

Cette masse imposante, recrutée parmi les meilleurs guerriers de cent vingt tribus, avait comme tête de colonne un bataillon de réguliers à pied, solides, exercés à nos manœuvres européennes, admirablement disciplinés.

Avec les réguliers marchaient douze cents jeunes gens, volontaires des douars, la fleur de la génération indigène d'alors; devant les marabouts, sur un livre ouvert par l'émir lui-même, ils avaient inscrit leurs noms avec le serment solennel de mourir ou de vaincre.

Cette guerre empruntait au fanatisme religieux un caractère tout particulier de férocité et d'énergie sauvage.

Tous ces musulmans, galvanisés par les prédications ardentes des chefs, croyaient marcher au martyre; ils avaient cette foi qui soulève les montagnes et vous pousse irrésistiblement en avant.

Derrière ces trois mille fantassins déterminés à faire

fi de la vie, engagés par des serments publics, exaltés jusqu'au délire, venaient les plus intrépides cavaliers de la vallée du Chélif : douze mille guerriers qui cernaient Mazagran, qui envoyaient des contingents aux colonnes d'assaut pour réchauffer l'enthousiasme des vaincus, et qui lançaient leurs chevaux sur les brèches pour combler les fossés.

Enfin, deux pièces pouvant être établies sur un plateau, à 600 mètres des assiégés, battaient les frêles murailles en pierres sèches du réduit. Ces canons bien servis étaient pointés par des renégats qui, comme tous ceux de leur sorte, montraient un zèle extrême contre nous.

Tel était l'ennemi !...

Qui connaît les Arabes sait ce dont ils sont capables sous la main d'un homme comme Abd-el-Kader.

Mazagran, pour la possession duquel on se battait, était alors un mauvais petit village indigène, construit misérablement, et situé à trois kilomètres de Mostaganem, sur une hauteur d'où l'on voit la mer.

Au sommet du village s'élevait un semblant de redoute, pompeusement nommée la Casbah, et composée d'une mosquée ruinée, au centre, et de quelques masures reliées par un mur en pisé.

Les soldats français, en prenant garnison dans ce trou, prétendaient en riant que le vent d'un boulet suffirait pour en abattre les murs, et avaient appelé cette casbah dérisoire : Le château de cartes !...

Cette bicoque, que l'on n'avait pas encore eu le temps

de réparer, était défendue par deux pièces seulement et cent vingt-trois héros.

Ce réduit était un obstacle insignifiant ; vingt fois les boulets arabes ruinèrent ses frêles murailles, et les assauts se donnèrent sur des décombres qui n'abritaient plus les poitrines de nos soldats !...

De plus, avec si peu de monde, il avait été impossible d'occuper les maisons du village ; et les réguliers s'en étant emparés, les avaient crénelées, tirant à couvert et protégeant les attaques de vive force par leurs feux violents.

C'est dans ces conditions désastreuses que furent livrés les combats que nous avons à décrire.

D'une part, une poignée d'hommes !

De l'autre, des forces écrasantes !

Pendant longtemps les émissaires de l'émir avaient préparé la révolte, combiné les plans, distribué les rôles ; les populations étaient travaillées depuis plus d'un mois ; elles étaient chauffées à blanc.

Les cent vingt-trois Français, calmes dans leur redoute, s'attendaient à un mouvement, mais non à ce soulèvement en masse.

Ils furent surpris par ces torrents humains se ruant sur eux, comme on l'est par un débordement aux jours d'orage.

Et cependant ils furent inébranlables : aux flots tumultueux de cette mer vivante déchaînée contre eux, ils opposèrent une digue que rien ne put rompre.

Avant d'entreprendre le récit de ce drame, nous allons

en esquisser les acteurs et peindre la martiale figure du zéphyr.

Zéphyr est le nom donné aux soldats des bataillons d'infanterie légère d'Afrique, qui se battirent là avec tant de gloire !...

Les zéphyrs sont des soldats qui, ayant terminé leur peine, après avoir subi une condamnation, sont envoyés dans des bataillons spéciaux.

Il va sans dire que le mot « zéphyr » n'a jamais été inscrit sur le vocabulaire officiel de l'armée ; ce nom assez singulier a une origine non moins singulière.

Les Arabes, ayant été frappés par les allures capricieuses, la démarche légère de ces bataillons, s'avisèrent de les appeler ainsi.

Un jour, un chef de tribu venant se soumettre, causait avec nos généraux ; il lui échappa plusieurs fois de répéter : Sans ces damnés zéphyrs, mes guerriers n'auraient pas tourné le dos à vos baïonnettes !...

On ne prit trop garde à ce qu'il disait.

Plus tard un autre chef fit une réflexion semblable ; puis d'autres encore.

« Décidément, pensaient nos généraux, ces Arabes ont la manie de mettre leur défaite sur le compte du vent. »

Mais un beau matin, on s'expliqua le quiproquo, et toute l'armée d'Afrique adopta ce sobriquet.

Le zéphyr est un type militaire très-remarquable ; rival de gloire du zouave, il a, comme celui-ci, une audace infernale, un entrain enragé et une verve intarissable.

C'est un cerveau brûlé, impatient de tout frein, auquel le repos de la garnison pèse et qui, se trouvant mal à l'aise dans les régiments, les quitte violemment.

L'ennui, les minuties du règlement en temps de paix, le calme de la caserne sont insupportables à cette tête bouillante, à ce cœur de feu; prenant cette vie en haine, s'aigrissant chaque jour, il en vient à commettre un acte de grave insubordination, à casser son fusil ou à vendre ses effets.

Le conseil de guerre prononce un arrêt qui, dans la plupart des cas, n'a rien d'infamant et que dicte seulement la nécessité de maintenir une discipline inflexible.

Le condamné subit sa peine.

A sa sortie de prison, au lieu de le renvoyer dans le corps d'où il sortait et où il continuerait à s'ennuyer, on donne un aliment à son activité dévorante.

L'Algérie, le Sénégal, la Cochinchine ont besoin de braves soldats au tempérament fougueux, débordant de séve. Des bataillons spéciaux dits d'infanterie légère, occupent ces colonies; on y incorpore l'ex-condamné; il y devient un de ces zéphyrs qui vont promener notre gloire militaire aux quatre coins du globe.

Le même homme qui fournissait un si mauvais service en France, devient un troupier excellent en campagne, il déploie d'admirables qualités militaires, et, n'était un léger penchant à la maraude, une tendance trop vive pour son bidon quand il est garni de vin, une manie d'insubordination que dompte la main de fer de chefs énergiques, n'étaient ces quelques défauts, le zéphyr serait un modèle de parfait soldat.

Dur à la fatigue, souple, adroit, ingénieux, brave à outrance, narguant la souffrance et la mort, improvisant des ressources quand tout semble désespéré, toujours de bonne humeur, travailleur énergique, le zéphyr est le rival du zouave.

Il porte avec une crânerie coquette sa modeste capote grise ; il agrémente sa tenue de tout ce que le règlement bannit ; il rabat son col et porte manchettes ; il noue sa cravate avec une nonchalance, fait bouffer son pantalon rouge à la hussarde, se pose, se carre, se dandine dans sa tenue, comme s'il avait sur le dos une redingote de Dusautoy et les mollets avantagés par un pantalon de Renard.

Avec cela, beau parleur, spirituel, paradoxal, gouailleur, blagueur, *esbrouffeur*, *crâneur*, bref, étourdissant de *chic*, renversant de cachet.

Batailleur, fine lame, ayant l'épiderme sensible, il met flamberge au vent, comme un mousquetaire gris, pour un oui, pour un non ; mais, au demeurant, bon enfant, le meilleur fils de la terre.

La vie du zéphyr est la plus mouvementée qu'un hardi troupier puisse souhaiter.

Toujours au plus épais de la mêlée, à lui les premiers coups de l'ennemi.

Il ne se bat pas, il travaille.

On lui fait construire des routes, des ponts, des forts, des villages.

Il est au chantier ce qu'il est au feu.

La besogne fond sous l'outil.

Ce que les zéphyrs ont rendu de services est incalculable : ils ont couvert la colonie de chemins, de casernes et de maisons.

Quant à leurs faits d'armes, ils sont innombrables : en Algérie, chaque touffe de palmier est teinte de leur sang.

Les zéphyrs, comme les zouaves, leurs émules, sont à la fois très-difficiles et très-faciles à mener, selon qu'on les prend bien ou mal.

Il faut, avec eux, une sévérité extrême sur certains points, de la débonnaireté pour les peccadilles, une grande fermeté en certains cas.

Ils ont des inventions diaboliques, sont sans cesse en quête de bonnes farces à jouer, et ils ont imaginé des tours qui dépassent ce que l'on peut concevoir de plus drôle.

Alexandre Dumas a raconté l'histoire de celui qui avait vendu à un colon la salle de police où il était enfermé ; il en est mille autres aussi fortes que celle-là.

Un zéphyr eut l'audace un jour d'enlever l'uniforme du général Bouscarren, et de se faire accompagner par deux camarades qui avaient endossé des tuniques d'officiers ; ils passèrent en revue plusieurs détachements sur la route de Mascara à Oran, et finirent cette plaisanterie par un banquet somptueux, à la suite duquel le faux général fit appeler les gendarmes, et leur ordonna de l'appréhender au corps, lui et ses camarades, pour les conduire à la place.

On juge du scandale !...

Le faux général traversant la ville avec la main de la maréchaussée à son collet brodé !

Quand les farces ne sont pas trop fortes, on rit et on ne punit pas.

Quand elles passent les bornes, on punit, mais on rit encore.

Ce qui distingue les zéphyrs, c'est l'esprit de corps qui les anime.

Quoique, civilement, on ne soit pas déshonoré pour un acte d'insubordination ou un bris d'armes, les zéphyrs ont à cœur d'effacer, à force de dévouement au feu, le souvenir de leur conseil de guerre ; ils ont ennobli leur corps par tant d'héroïques actions, qu'ils sont fiers de leur uniforme ; leurs traditions glorieuses leur sont si chères qu'ils se feraient hacher plutôt que de ternir la réputation de leur arme.

Ainsi fit à Mazagran la 10° compagnie du 1er bataillon, dont nous allons raconter les exploits.

II

LES RÉGULIERS D'ABD-EL-KADER.

Les réguliers d'Ad-el-Kader, qui formaient, à Mazagran, l'élite des assaillants, ont laissé des souvenirs de bravoure trop vivaces pour que nous ne leur consacrions pas quelques pages. Mais avant de donner de curieux détails sur leur organisation, il nous faut parler de l'organisateur : une des plus grandes figures de l'époque !

Abd-el-Kader, en 1840, lors du siége de Mazagran, était à l'apogée de sa puissance.

Un traité maladroit venait d'en faire un chef absolu de tout le territoire que nous n'occupions pas; nous l'avions, en quelque sorte, consacré roi de l'Algérie.

Profitant de sa situation avec une rare adresse et une infatigable activité, l'émir s'était créé une armée régulière : infanterie, cavalerie, artillerie. Il avait, grâce à ses troupes, assuré son autorité sur les tribus, et préparé cette révolte terrible qui dura sept ans, et dont l'affaire de Mazagran fut un des épisodes.

Chose étrange!...

A près de deux mille ans de distance, il s'est trouvé sur la vieille terre numide, un homme pour renouveler contre nous les merveilleuses luttes de Jugurtha contre les Romains.

Entre le vaincu de Marius et le prisonnier de Lamoricière, les points de ressemblance sont frappants.

Même bravoure, même ambition, même génie politique et militaire, façon de combattre identique, pareilles péripéties, et l'on pourrait dire dénouement semblable, en tenant compte de la différence des mœurs.

Jugurtha obtint de Rome une investiture habilement extorquée; Abd-el-Kader, par sa ruse diplomatique, se fait donner par nous l'autorité qui lui manquait. Jugurtha, toujours vaincu, lutte avec acharnement, sans cesse abattu, sans cesse relevé, contre les meilleurs généraux de Rome. Abd-el-Kader, après cent défaites, est encore debout. La fortune de Rome pâlit, et des détachements romains sont massacrés; fatigué de cette lutte meurtrière, le sénat faiblit, et, sans l'éloquence de Marius, relevant les courages abattus, on abandonnait la lutte;

de même, l'émir nous massacre un corps de troupes à Aïn-Temouchen, et nous extermine un bataillon entier à Sidi-Brahim ; et les Chambres, lassées, se demandent si, l'outrage vengé, mieux ne vaudrait pas quitter l'Algérie. Bugeaud accourt, fascine les députés par sa parole entraînante, et va relever notre prestige compromis.

A chaque défaite, Jugurtha fuit vers le désert où Abd-el-Kader battu va nous dérober sa trace.

A bout de ressources, Jugurtha soulève la Mauritanie et son roi contre Rome ; l'émir aux abois agite le Maroc, le soulève contre nous, et le fils même de l'empereur marche à notre rencontre, à la tête d'une puissante armée.

Enfin, comme Rome, la France triomphe.

Ici finit le parallèle.

Abd-el-Kader prisonnier, puis rendu à la liberté, va s'enterrer dans une ville d'Orient ; fidèle à sa parole, il s'efface de la scène du monde jusqu'au jour où, entouré d'une poignée de soldats restés fidèles à son infortune, il sauve du massacre les chrétiens de Syrie qu'égorgent les Druses.

Ce fut le couronnement de sa carrière ; ce fut, à son génie, une consécration splendide.

Trop longtemps laissé responsable de violences sanguinaires, impossibles à réprimer, il prouva à cette heure solennelle que son âme élevée était accessible aux plus nobles élans ; il montra ce qu'il eût fait, s'il n'eût commandé des barbares, et donna la mesure de son caractère chevaleresque.

Aussi la France lui a-t-elle voué une vive admiration,

et a-t-elle applaudi Napoléon III qui voulut que, sur le grand cœur de cet ancien ennemi, brillassent les insignes d'honneur que nos plus vaillants hommes de guerre ambitionnent.

Abd-el-Kader est certainement, après Napoléon, l'homme le plus étonnant de ce siècle.

Fils d'un simple marabout, il s'éleva avec une rapidité prodigieuse.

Ses larges vues, son coup d'œil sûr, sa ténacité inouïe, la souplesse de son intelligence, la fécondité de son imagination lui ont permis, pendant dix ans qu'il nous combattit avec des ressources très-limitées, de nous tenir en échec toujours, de nous menacer sans cesse, de nous écraser parfois et de succomber avec gloire.

Contre lui et la population clair-semée de deux millions d'âmes sur laquelle il agissait, nous eûmes en ligne cinquante, soixante et jusqu'à cent mille hommes avec un armement supérieur, d'excellents généraux et les meilleurs soldats du monde.

Et s'il se rendit, c'est que son peuple l'abandonna; ceux de sa race n'étaient pas à la hauteur de son génie; les bras manquèrent à l'idée; les courages qu'il avait galvanisés s'affaissèrent; il resta seul en face de nous, seul!

Alors il vint nous tendre son épée, après avoir accompli son destin.

Tel était l'homme contre lequel un simple capitaine de compagnie allait se mesurer; tel était l'homme qui lançait contre une misérable bicoque des masses de guerriers dans toute la ferveur du premier enthousiasme !

Nos lecteurs se souviennent de Bonaparte échouant devant Saint-Jean-d'Acre ; Mazagran fut le Saint-Jean-d'Acre d'Abd-el-Kader. Et pourtant ses réguliers, son élite, étaient là.

Ces réguliers se composaient d'éléments à peu près semblables à ceux de nos régiments de turcos.

Ils étaient commandés par des officiers supérieurs de la plus grande bravoure et d'un mérite indiscutable ; il ne leur manquait que l'habitude de la guerre régulière ; encore savaient-ils faire parfaitement manœuvrer leurs troupes à l'européenne ; mais ils n'avaient pas ce coup d'œil prompt et sûr, cette décision rapide que donnent seulement la longue pratique et la science tactique.

Les officiers étaient ou des Arabes distingués ou des renégats déserteurs, qui ne manquaient jamais de nous faire tout le mal possible.

En tout, cette armée de l'émir montait à quinze mille hommes environ, divisés en dix corps.

Chaque corps comptait :

1° Un bataillon à pied d'un millier de baïonnettes.

2° Un goum de 500 cavaliers rouges, réguliers.

3° Deux pièces de canon.

Dix khalifats, lieutenants de l'émir, commandaient ces dix légions ; ils avaient une solde d'environ quinze mille francs.

L'émir payait bien ses troupes et en exigeait le respect absolu de la propriété des indigènes ; mais il ne put obtenir toujours la rigoureuse application de son code militaire.

Pour récompenser la valeur, l'émir avait créé un ordre : la décoration, de cuivre, d'argent ou d'or, selon le mérite de qui la gagnait, représentait une main dont l'index seul était ouvert, attestant l'existence d'un seul Dieu ; c'est le geste que fait tout musulman affirmant sa foi : il équivaut au signe de croix des chrétiens.

Cette décoration donnait droit à une solde supérieure; elle était très-désirée, car elle élevait haut dans l'estime des Arabes celui qui la portait.

L'artillerie était toujours commandée par un européen ; tantôt c'était un déserteur, tantôt un aventurier que des circonstances bizarres avaient poussé à proposer ses services à Abd-el-Kader.

Les *cavaliers rouges* étaient pour la plupart des Djouads (nobles), appartenant aux familles de *grandes tentes* (synonyme de grandes maisons.)

C'étaient des hommes d'une adresse incroyable à lancer le crochet sur les traînards ; ce qu'ils nous tuèrent ainsi de soldats isolés est inouï !

A chaque instant, on les voyait s'élancer sur les flancs des colonnes et arriver bride abattue sur un pauvre diable qu'une circonstance quelconque forçait à s'écarter ; tout à coup une corde terminée par un harpon de fer sifflait dans l'air ; le guerrier fuyait à toute bride.

Alors le malheureux soldat que le harpon avait saisi était entraîné, et rien ne pouvait le sauver de la captivité ou de la mort.

Les cavaliers rouges, bien équipés et montés sur les

plus beaux chevaux de l'Algérie, formaient des escadrons splendides ; ils étaient admirables au feu comme dans la fantasia, et s'ils avaient pu se faire aux exigences de la guerre méthodique, nul doute qu'ils ne fussent devenus les premiers cavaliers du monde.

Ils n'en eurent pas moins cet honneur de tenir tête à nos bouillants chasseurs d'Afrique et de croiser le fer avec eux sans faiblir.

L'infanterie valait mieux encore peut-être que la cavalerie ; elle offrait le prodigieux spectacle d'une troupe d'Arabes, dressée par quelques inspecteurs, parvenant à former le carré contre nos chasseurs d'Afrique et recevant si fermement leur choc, qu'un bataillon se laissa exterminer sans rompre ses rangs.

La légion étrangère française fournissait de temps à autre quelques hommes à l'émir ; des colons sans aveu passaient aussi à son service ; d'autre part, les bagnes d'Espagne lui envoyaient des forçats évadés, gens de sac et de corde, ayant pourtant du talent et de l'énergie ; mais cela ne suffisait pas.

Les tambours surtout faisaient faute.

L'émir chargeait ses cavaliers rouges de lui en procurer, et ceux-ci lui en prenaient au lazzo ; on incorporait ces prisonniers dans un bataillon et on les forçait à donner aux tambours indigènes des leçons de *ra* et de *fla* ; les chaouchs, bâton en main, surveillaient élèves et professeurs.

C'est pourquoi les zéphyrs de Mazagran tuèrent, sans s'en douter, un de leurs camarades qui ne cherchait qu'à fuir vers notre redoute.

Les canonniers étaient aussi très-souvent l'objet de tentatives d'enlèvement; ils faisaient prime dans l'armée arabe, et l'émir payait fort cher la prise d'un artilleur.

En somme, avec ses réguliers, Abd-el-Kader s'assura la fidélité et la soumission de toutes les tribus; aucun de ses concurrents ne tint contre lui; il réduisit toute la plaine — les montagnes kabyles lui échappèrent toujours — à l'obéissance et força les contingents de tous les douars à servir ses vastes desseins.

A coup sûr, si nous avions évacué Alger, l'émir aurait régné sur la Régence, peut-être sur le Maroc et Tunis; il aurait fondé un royaume arabe, établi un gouvernement régulier et accompli de grandes choses.

Mais il eut ce malheur de se heurter contre d'excellents capitaines, commandant aux premiers soldats du monde. Il devait succomber et il succomba.

Son plus grave échec fut celui de Mazagran.

III

LA SURPRISE.

Maintenant que nos lecteurs connaissent les acteurs du drame, nous allons peindre en quelques lignes le théâtre de l'action.

Mazagran, est ou plutôt était une ville arabe, située sur une hauteur à quelques mille mètres de Mostaganem qu'occupaient trois cents hommes du 1ᵉʳ bataillon d'Afrique.

La 10ᵉ compagnie de ce bataillon était détachée à Mazagran.

Cette poignée de soldats se trouvait fort aventurée en cas d'attaque, car il était impossible à un bataillon de la secourir; d'autre part, l'occupation de Mazagran était sans importance : de quelle utilité pouvait être cette bourgade misérable qui, depuis, fut abandonnée.

Mais les quelques indigènes qui en habitaient les masures avaient réclamé notre protection contre Abd-el-Kader qui les menaçaient, et l'honneur nous avait fait un devoir de les défendre.

Il paraît établi que l'appel des Mazagraniens était un de ces piéges comme il nous en fut tendu si souvent en Afrique.

Ce qui semble le prouver, c'est que la population évacua les maisons avant l'arrivée des réguliers et ce sans bruit.

De plus, les Arabes nous attaquèrent avant qu'on eût pris le temps de mettre nos canons en batterie sur les murailles lézardées de la redoute.

Perfidie et trahison, telles furent presque toujours les armes des Arabes contre nous.

Les cent vingt-trois zéphyrs du capitaine Lelièvre furent reçus avec d'amicales démonstrations à leur arrivée; on fit tout pour endormir leur vigilance ; mais trop de fois nous avions été victimes de la ruse des indigènes, pour nous abandonner à une sécurité complète.

On s'occupa de consolider les remparts de la redoute, si tant est qu'on puisse considérer comme telle une mosquée en ruine et quelques maisons en pierres sèches mal jointes par de la glaise, réunies seulement par des murailles en pisé.

N'importe !

On y avait envoyé nos zéphyrs, ils s'y installèrent avec leur insouciance ordinaire, y fumant aussi gaiement leur *bouffarde* que derrière les remparts d'Alger.

Pourtant ils remarquèrent avec leur tact habituel que des choses assez bizarres se passaient sur le marché et dans la ville.

Les Arabes du dehors étaient insolents, ceux du dedans railleurs.

De temps à autre on voyait des groupes d'hommes causer avec animation ; puis, à l'approche d'un Français, tous se dispersaient.

Parfois un fanatique montrait son poing fermé à un zéphyr, qui riait des imprécations de cet exalté.

D'autres faits plus graves, précurseurs de l'insurrection, se passèrent.

Les Arabes, après un grand marché, formèrent un attroupement tumultueux qui se dispersa seulement très-avant dans la journée ; la guerre sainte fut ouvertement prêchée.

Mais aucun avis de ces signes avant-coureurs d'une révolte ne fut envoyé à Mostaganem.

Les zéphyrs s'étaient donné entre eux un mot d'ordre.

« Il faut ouvrir l'œil » se disaient-ils, dans ce langage pittoresque du bivac qui peint si bien la pensée du soldat.

Et les sentinelles veillaient.

Et les soldats ne sortaient plus que le fusil à l'épaule.

Mais tout cela se passait sans affectation de défiance chez les nôtres.

Les Arabes les croyaient endormis dans une trompeuse sécurité.

Ils essayèrent des assassinats isolés.

Un soir, un zéphyr, sorti du fort pour un achat, avait négligé d'emporter son fusil ; il fut cerné par trois hommes.

L'un tira un pistolet de sa ceinture.

Avant qu'il eût visé, le zéphyr avait saisi la baïonnette qu'il portait suspendue au ceinturon et l'avait plantée en pleine poitrine, au cœur de l'assassin ; les complices de celui-ci s'étaient enfuis.

Le zéphir conta le fait.

Une patrouille sortit.

Sur le terrain de l'attentat, une mare de sang rougissait la poussière, mais le cadavre avait disparu.

Et plus qu'auparavant les zéphyrs se répétaient entre eux :

« Ouvrons l'œil. »

Pourquoi de tout ceci ne sut-on rien à Mostaganem ? Pourquoi ?

Parce que les zéphyrs le dirent eux-mêmes,— on aurait pu croire qu'ils étaient des poltrons, des trembleurs, des alarmistes.

L'explication de l'un d'eux, celui qui avait tué l'Arabe est marqué au coin de l'originalité ! il avait négligé de saisir officiellement ses supérieurs de cette affaire ; on le lui reprochait.

— Ma foi, dit-il, pour moi les Bédouins sont des chiens hargneux qui cherchent toujours à vous sauter à la gorge; un de ces b... là m'attaque ; je le tue ! Vais-je pas mettre tout le monde en révolution pour un chien mort ? ces *blagues* n'en valent pas la peine.

Il avait failli être assassiné.

Pour lui, c'était une blague.

Donc les zéphyrs *ouvraient l'œil*, mais ne soufflaient mot.

Le 3 février, au matin, le lieutenant Magnien partait de la ville pour aller à Mostaganem. Tout à coup entre lui et Mazagran, il voit se glisser des bandes d'Arabes.

Il craint une surprise pour la redoute.

Au lieu de fuir, ce brave officier court vers la porte en risquant vingt fois sa vie ; il arrive haletant et reconnaît que déjà les parties basses de la bourgade sont occupées.

Il s'élance, essuie cent coups de feu et atteint la redoute déjà fermée.

On lui lance une corde, qu'il saisit, on le hisse et il est sauvé.

Que font les zéphyrs ?

Ils montent sur la muraille, narguent les Arabes furieux, et l'un d'eux leur porte, en leur faisant la nique, sous une grêle de balles, un défi qui les enrage.

Ainsi commençait ce drame : par un acte d'héroïsme et une gaminerie.

Le dévouement du lieutenant Magnien, s'il ne fut pas inutile en ce sens qu'il ramena dans la place un vigoureux officier, n'était pas nécessaire pour mettre la garnison à l'abri d'une attaque imprévue.

Nul ne veille avec plus de soin et de perspicacité, sous une nonchalance apparente, que nos troupiers d'Afrique en faction.

Le fusil suspendu à l'épaule par la bretelle, l'air distrait, ils se promènent de long en large avec des déhanchements de dandys à la promenade ; l'œil distrait semble ne rien voir, et l'espion qui guette le camp, le maraudeur qui veut voler un cheval au bivac, l'assassin qui rampe et attend l'occasion de placer une balle, l'ennemi enfin, se laisse tromper à ces allures.

Il s'approche, s'approche, il va exécuter son coup.

Soudain la sentinelle, d'un geste prompt, saisit son arme, vise, tire et tue.

Un éclair brille, une détonation retentit, un cri se perd dans l'espace, le poste est sur pied, on court et l'on ramène un blessé ou un mort.

Aussi, quand les Arabes crurent pouvoir enlever la redoute par un coup de main, furent-ils cruellement détrompés.

Au moment où ils envahissaient les parties basses de la ville, un des leurs, le plus aventureux, fut tué d'une balle envoyée par un factionnaire ; un piquet, debout aussitôt, fusillait les détachements qui traversaient les rues, et le tambour retentissant mêlait ses roulements à ceux de la mousqueterie.

Au lieu de surprendre les nôtres, les assaillants furent surpris.

Ils eurent, dès la première heure, à subir des pertes sanglantes.

Deux cents hommes environ s'étaient emparés des maisons.

Ils ouvrirent un feu violent auquel la garnison riposta.

Le siége était commencé.

Au bruit de l'engagement, les colonnes d'Abd-el-Kader, conduites par son lieutenant Mustapha-ben-Tamy, débouchèrent des plis de terrain où elles se cachaient.

Un gros parti d'infanterie vient devant Mazagran se masser derrière les maisons; il y avait là huit cents hommes environ, qui espéraient bientôt donner l'assaut.

C'était certes beaucoup pour la petite garnison qui les vit accourir.

Bientôt après, un nuage de poussière s'éleva sur la route de Mostaganem, et peu à peu on distingua des mouvements de troupes.

On crut que le bataillon de Mostaganem venait dégager Mazagran. Mais point.

La poussière monta et se perdit dans l'air; le voile dont elle couvrait huit mille cavaliers arabes se leva, et les zéphyrs virent la plaine couverte d'ennemis aussi loin qu'ils pouvaient voir...

Huit mille cavaliers occupent un espace immense!

Ainsi, entre la garnison de Mazagran et tout renfort, se dressait cette barrière vivante dans laquelle on ne pouvait espérer faire brèche. Les cent vingt-trois soldats se seraient noyés au milieu de ces flots d'hommes et de chevaux.

Le feu continuait.

Tout à coup une voix cria :

— Du canon ! Ils ont du canon !

En effet, sur une hauteur, à six cents mètres de la redoute, deux pièces de bronze étincelaient au soleil, entourées des artilleurs d'Abd-el-Kader qui mettaient les canons en batterie.

Une solide infanterie de réguliers pour l'assaut, de l'artillerie pour faire brèche, une armée pour couper toute retraite et arrêter tout renfort, voilà ce que, du haut de leurs murailles vermoulues, virent ces cent vingt-trois hommes !

Au lieu de se décourager, ils plantèrent hardiment un drapeau tricolore sur le sommet de la redoute, et, à la vue de cet étendard, ils poussèrent avec un enthousiasme ardent le cri de :

— Vive la France !

IV

LE PREMIER ASSAUT.

Ce n'est pas la bravoure des défenseurs de Mazagran qu'il faut admirer.

La bravoure !

C'est une qualité commune dans l'armée française, être brave, c'est faire son devoir, c'est faire même tout simplement son métier de soldat, comme disent les troupiers.

Ce qui donne aux héros de Mazagran ce prestige qui

les a rendus si populaires, c'est la prodigieuse intelligence, l'étonnante énergie physique et morale, le sang-froid surprenant qu'ils montrèrent.

Ce n'est pas parce qu'ils surent regarder la mort en face, sans trembler, que la France et l'Europe et le monde entier ont retenti de cet exploit ; c'est parce que cette poignée d'hommes, au lieu de se résigner à mourir, sut vivre, combattre et triompher.

Se coucher sur un champ de bataille, et se résoudre à y périr avant d'avoir épuisé sa dernière cartouche et usé ses dernières forces, c'est presque une lâcheté.

Ils eurent cette audace splendide, les défenseurs de Mazagran, d'espérer une victoire insensée, de se battre alors que tout semblait désespéré.

La résistance semblait impossible.

N'importe !

Ils résistèrent.

Il y avait folie à ne pas se rendre.

Cette folie sublime, ils l'eurent !

Cinquante hommes aux créneaux pour répondre à la fusillade !

Dix hommes aux canons pour répondre aux canons !

Le reste au travail !

Une brèche allait s'ouvrir, il fallait la boucher; les ressources manquaient ; on en improvisa avec une fertilité d'imagination inouïe.

On vida les caisses à biscuit, les sacs d'orge et de riz et les havre-sacs.

On traîna tout cela en face du mur menacé, et, pelle

en main, on emplit tout de terre. On eut en peu d'instants des gabions, des sacs à terre, des bouche-trous.

Et tonnent les canons !

On leur répondra.

Et croulent les remparts !

On les relèvera.

Ils n'avaient rien tout à l'heure de ce que les assiégés possèdent pour relever leurs murailles ; ils ont tout ce qui leur manquait, les zéphyrs de Mazagran !

Feu pour feu !

Aux créneaux, les tireurs ripostent, par des coups sûrs et bien ajustés, à la grêle des balles qui pleut sur le fort, et leur coup d'œil est si juste que la fusillade s'éteint dans quelques-unes des maisons qu'occupe l'ennemi.

De temps à autre on voit des blessés se traîner vers le camp ; il doit y avoir des morts sous les toits de chaume des masures.

De quelques-unes des habitations les plus solides part un feu violent.

Le plomb des zéphyrs ne perce pas facilement les murailles trop épaisses de ces maisons ; les *réguliers* y sont abrités.

Mais un cri les désigne aux canonniers de la redoute qui, négligeant la batterie ennemie, bouleversent de leurs obus les postes des tireurs et y ouvrent des trouées.

Les projectiles éclatent, sifflent, blessent et tuent ; des clameurs s'élèvent ; des imprécations retentissent.

Bien touché !

Et par les ouvertures faites, les balles peuvent pénétrer maintenant, fouillant les chambres et perçant des poitrines !

Feu toujours !

Feu partout !

La batterie ennemie a profité du répit que lui accordait la nôtre pour ajuster ses coups ; la brèche est commencée ; on la comble.

Le combat dure depuis plus d'une heure, et cette bicoque, qui devait être pulvérisée en un instant, n'est pas entamée !

L'impatience s'empare des chefs.

Les soldats sont en fureur.

L'assaut !

Tous demandent à s'élancer, car les morts s'entassent autour des canons ; les renégats sont presque tous hors de combat ; bientôt il n'y aura plus de pointeurs.

L'assaut !

Dix mille hommes le réclament.

Les chefs forment une colonne serrée derrière le village, colonne épaisse, puissante, déterminée, pleine d'enthousiasme.

Qui l'arrêtera ?

Une petite compagnie.

C'est impossible.

Un fossé à peine creusé ?

Ce serait ridicule.

Une muraille ébréchée, mal réparée ?

On en rirait dans les douars.

Tout est prêt.

Les tireurs embusqués font une fusillade enragée ;

les canonniers se pressent, et à chaque minute un boulet frappe la redoute.

Le feu de celle-ci s'éteint.

Les Arabes s'exaltent de ce silence; ils sortent de leur abri, ils bondissent vers la brèche, franchissent les pentes, arrivent à mi-chemin.

Dans la plaine, les cavaliers hurlent la joie de la victoire; pas un défenseur ne donne signe de vie; ils sont terrifiés, ces Français !

Mais voilà qu'une voix stridente crie :

— Feu !

La première pièce gronde et crache un paquet de mitraille au flanc des assaillants.

La colonne est coupée en deux.

Entre ses deux tronçons, les cadavres sanglants se sont amoncelés.

En même temps cinquante hommes ont tiré; un rideau de flamme a voilé les créneaux; les balles ont fauché tout le front de la colonne, qui s'est arrêtée brusquement.

— Feu ! crie encore la voix vibrante de l'officier français.

Et la mitraille meurtrière couche et entasse les rangs ennemis.

Et cinquante hommes font une seconde décharge en tête.

Et les Arabes tourbillonnent éperdus, jettent des cris sauvages de terreur et s'enfuient.

Une troisième décharge les atteint.

Le sol est jonché de morts et de mourants.

Les blessés se relèvent, retombent, se relèvent et courent en chancelant.

Pas de pitié chez l'ennemi.

Pas de grâce chez nous.

La fusillade recommence...

Alors, à travers la fumée, illuminé par l'éclair des détonations, un homme se dresse sur les remparts, tenant en main le drapeau tricolore, troué de balles, noir de poudre, la hampe brisée.

Il l'agite en criant : vive la France !

Et cent voix, mâles et fières poussent un hourra triomphant auquel répondent, dans la plaine, des cris de fureur impuissante.

Le soldat replante le drapeau sur la brèche et redescend dans le fort.

Tout se tait.

Un silence de mort règne sur le champ de bataille !

Stupeur chez l'ennemi.

Joie chez nous.

Abattement au camp.

Espérance au fort.

Quel désastre !

Trois cents hommes foudroyés au pied de cette chétive redoute !

Pendant que règne un calme lugubre sur le village, on entend le tambour rouler gaiement dans la casbah, et les zéphyrs quittent les créneaux ?

On les appelle à la soupe qui fume dans les gamelles au milieu de la cour.

Ils ont faim, ces braves.

— Allez, disent les officiers, nous veillons. Mangez tranquillement, vous avez bien gagné votre déjeuner.

Et les zéphyrs déjeunèrent plus gaiement que si dix mille hommes n'étaient point devant eux.

Après le repas, ils retournèrent aux murailles et inspectèrent le champ de bataille.

Quelques Arabes, avides de butin, se glissaient de cadavre en cadavre, dépouillant les morts et ramassant les morts.

Ils étaient enhardis par l'impunité.

S'attendant bien à voir cette bande de vautours prendre sa volée à la première alarme, les zéphyrs s'entendirent et les meilleurs tireurs prirent chacun l'un des trente ou quarante hommes qui se trouvèrent éparpillés sous les murs.

Un sergent devait donner le signal.

On prit son temps.

Le fusil bien appuyé, l'homme bien en joue, le doigt sur la détente. On attendit.

— Feu !

Et c'est à peine si une douzaine de bédouins purent prendre leurs jambes à leur cou ; le reste grossit le chiffre des pertes.

Et les zéphyrs de rire encore !

C'était cruel peut-être ; mais si les Arabes les avaient pris, leurs femmes les auraient torturés, outragés, martyrisés, et les maris, après un long supplice, auraient tranché toutes les têtes !

Cette perspective ne dispose pas à la mansuétude.

Tel fut le premier assaut !

V

LA GARNISON DE MOSTAGANEM.

Mostaganem, que gardaient cinq cents hommes du bataillon d'Afrique, était situé, nous l'avons dit, à trois kilomètres seulement de Mazagran.

Dans le port, on y entendait la fusillade et le canon de la redoute.

L'anxiété était grande.

Dix mille cavaliers s'étaient jetés entre les deux places ; il était impossible de percer cette barrière qui interceptait la communication.

Le bataillon de zéphyrs voulait tenter cependant cette entreprise ; mais une considération toute-puissante l'arrêta.

La ville de Mostaganem avait une grande importance stratégique ; pendant que la garnison marcherait au secours de Mazagran, elle pouvait être enlevée par les Arabes ; impossible donc de quitter les murs de cette place.

On peut juger de l'exaspération de nos soldats, qui, l'oreille tendue au vent, écoutaient le bruit du combat et cherchaient à en deviner l'issue.

Après le premier assaut, on crut que tout était perdu ; heureusement la fusillade ayant recommencé, l'on comprit que les Arabes étaient repoussés et l'on conçut quelque espoir.

C'est alors qu'un parlementaire se présenta.

On l'accueillit.

C'était un cavalier qui venait provoquer insolemment la garnison à sortir en plaine, la menaçant d'une extermination complète, si elle osait accepter la lutte.

Nos soldats entendirent ce défi en frémissant, et le bataillon fit immédiatement une vigoureuse sortie, pour montrer aux Arabes, que l'on ne les redoutait point, et que le soin de la défense seule empêchait de leur livrer une bataille disproportionnée.

Il y eut un engagement assez chaud, puis, les zéphyrs rentrèrent satisfaits d'avoir répondu aux bravades de l'ennemi.

Cependant un malheur avait signalé cette première journée.

Deux zéphyrs avaient été surpris au début du blocus, et sans doute ils avaient été enlevés.

Chacun s'imaginait voir les deux prisonniers attachés à l'olivier consacré aux supplices, entourés de femmes enragées et d'enfants furieux, piqués, frappés, déchirés par cette foule en délire, et, enfin, brûlés avec un peu de broussailles.

Car telle est l'atroce coutume des Arabes.

Ils font périr sur le bûcher ceux de leurs adversaires dont ils s'emparent.

Des deux prisonniers, l'un était un Allemand, nommé Kurntz ; l'autre, un Espagnol, nommé Rodriguez, deux braves soldats que l'on regrettait fort.

L'Espagnol, surtout, avait acquis une grande réputation d'audace et d'adresse.

Il avait servi dans la légion étrangère avant de passer

au bataillon d'Afrique après avoir expié une insubordination par deux ans de prison militaire.

Rodriguez aurait fait son chemin dans la légion, s'il avait voulu ou pu expliquer son passé, et s'il n'avait pas brisé sa carrière par un acte d'insolence envers un supérieur.

Cette légion est un corps étranger au service de la France et l'on y trouve les types les plus étranges.

Toutes les nations y sont représentées. On y accueille les déserteurs, les prisonniers qui demandent à servir en France, des hommes qui ne sauraient rentrer dans leur pays pour diverses causes que l'on ne peut toujours connaître.

Or, Rodriguez, appelé chez le colonel à la suite d'un brillant fait d'armes, et interrogé sur les motifs pour lesquels il avait fui l'Espagne, s'était refusé à toute explication, se contentant toutefois d'affirmer que s'il était sous le coup d'une condamnation, du moins il avait le droit de porter la tête haute et fière.

On avait conclu qu'il avait tué quelque rival à coups de couteau, ce qui ne constitue pas un crime aux yeux de beaucoup d'Espagnols.

L'aspect de Rodriguez confirmait cette supposition.

Il avait une si mâle figure, un œil si franc, un front si orgueilleux et des allures telles que l'on ne pouvait admettre qu'il se fût abaissé à un vol.

Mais sa lèvre mince, le rictus qui marquait le coin de la bouche, les flammes qui lui montaient au visage à la moindre contradiction rendaient très-plausible l'idée qu'il pouvait *avoir eu la main trop leste*. (Ça se dit ainsi sous le beau ciel de Grenade.)

Et si nous accusons ainsi le croquis de cet homme, c'est qu'il accomplît un acte incompréhensible pour qui n'aurait pas la clef de son caractère.

Cet acte, que nous ne voulons pas juger, fut très-diversement apprécié par ceux qui, à la nuit, virent Rodriguez rentrer dans Móstaganem par le port.

Rodriguez s'était jeté à la mer le long de la côte et revenait à la nage.

On l'accueillit avec joie, on le fêta et on lui demanda des nouvelles de son ami Kurntz :

— Mort, répondit-il.

— Les Arabes l'ont tué? demanda-t-on.

— Non. Je lui ai envoyé un coup de fusil.

On se récria.

— J'ai faim et soif, dit-il. Quand j'aurai dîné, je conterai la chose.

On le conduisit à la cantine ; il s'assit, but, mangea, puis revint au milieu d'un cercle de curieux et dit après avoir roulé une cigarette :

— Je vais vous conter mon affaire.

Il était calme, et certes sa conscience était en repos.

— Imaginez-vous, dit-il, que j'étais tombé au fond d'un ravin ; mon pied avait glissé et en cinq minutes j'avais roulé l'espace d'un kilomètre le long d'une pente. Séparé, voyant des masses de Kabyles entre vous autres et moi, je pris le parti de me cacher.

Je me blottis si bien que, vers le soir, quand les

Kabyles revinrent, ils passèrent devant moi sans se douter que j'étais là.

La nuit vint.

Je me glissai à travers la campagne vers le camp, lorsque tout à coup, sans m'en douter, je me trouvai au débouché d'une gorge, tout près d'un millier d'Arabes entourant un homme qui se tordait au-dessus d'un brasier.

Cet homme, c'était l'ami Kurntz. J'avais conservé mon fusil; j'étais à deux kilomètres seulement de la mer; je suis bon écuyer; il y avait à cent pas du lieu du supplice une centaine de chevaux entravés, appartenant aux cavaliers.

Ma résolution fut bientôt prise.

Je m'approchai des chevaux, je choisis le meilleur à première vue, je coupai ses liens.

Il était harnaché, la bride pendait au cou; je lui passais le mors dans la bouche.

Puis je couche l'ami Kurntz en joue.

Pauvre garçon!

Il avait déjà les pieds rôtis et il se tordait comme un damné.

Je visai bien...

Quand j'eus sa *poitrine dans l'œil,* je tirai.

Je sautai en selle.

Les Arabes hurlèrent et coururent vers moi.

Mais je détalai comme le vent.

Pourtant, je puis vous assurer que Kurntz est mort du coup et que sa torture cessa en un clin d'œil. Je l'avais bien touché.

Je partis à toute bride ; une bande d'Arabes m'appuya une charge vigoureuse, mais je gagnai les falaises, je lançai mon cheval à la mer, et ils n'osèrent me suivre.

Voilà !

Et sur ce, il se leva, nous souhaita la bonne nuit, entra dans une tente qu'on lui prêta, et dormit bientôt du sommeil des justes.

Je ne dirai pas au lecteur : Mettez-vous à la place de Kurntz, et choisissez entre la torture de l'ennemi et la balle d'un ami...

Mais pourtant, en pareil cas, d'aucuns choisiraient la balle.

Nous avons cru devoir rapporter ce trait, car rien ne peint mieux les caractères que les anecdotes.

Les Arabes ne firent contre Mostaganem aucune tentative dans la première journée et dans la nuit qui suivit.

A Mazagran, les zéphyrs, après l'assaut, eurent à soutenir un bombardement terrible.

Voulant recommencer l'assaut le lendemain, les chefs arabes résolurent de cribler la muraille de tant de boulets qu'elle finirait par être réduite en poudre, ils demandèrent des volontaires pour servir les pièces ; les réguliers fournirent autant d'hommes qu'on en voulut, et des hommes quelque peu familiarisés avec le tir du canon.

Le pointage était facile parce qu'il était *réglé* ; depuis le matin qu'on s'exerçait, les coups portaient juste ; les bons pointeurs étaient morts, mais un novice peut remplacer un vieil artilleur quand les canons sont immobiles sur un terrain fixe.

Les volontaires, abrités par un pli de terrain, et numérotés pour s'élancer à tour de rôle, couraient à la batterie dès qu'un servant tombait, et ainsi le feu ne se ralentissait pas.

Les zéphyrs, ayant couvert leurs servants par des sacs à terre, ne perdaient point de monde ; leur artillerie ne cessa de répondre à celle des Arabes et ce qu'elle tua d'hommes était effrayant ; le sang rougissait le plateau où les Arabes étaient établis.

Ils n'en continuèrent pas moins à sacrifier l'élite de leurs soldats jusqu'au soir, et ils eurent la joie de voir leurs efforts couronnés de succès : la muraille de Mazagran n'était plus qu'une ruine.

De toutes parts les curieux affluaient pour contempler la brèche, et des courriers allaient annoncer partout que le lendemain Mazagran serait enlevé, car son rempart était en poussière.

Il y eut toute la nuit des réjouissances dans les camps; il était visible que la garnison ne pourrait tenir longtemps dans la redoute désormais ouverte aux colonnes d'assaut...

VI

LE DEUXIÈME ASSAUT.

Les zéphyrs, au lieu de s'épuiser à réparer les murs, à mesure qu'ils s'écroulaient, laissèrent agir les boulets ennemis.

Ils pensaient bien qu'après le désastre de la matinée les Arabes n'oseraient rien tenter avant le lendemain matin.

Le soir venu, les canons de l'émir se taisant, on fit les préparatifs nécessaires pour éviter toute surprise, et réparer la muraille sans trop fatiguer les hommes.

Le capitaine Lelièvre prit d'excellentes mesures dans ce triple but.

Les quatre demi-sections firent le quart comme des matelots ; les uns dormaient pendant que les autres veillaient et travaillaient.

Les zéphyrs avaient ramassé toutes les pierres qui se trouvaient dans l'intérieur de la redoute, ils les avaient entassées, et dès que l'obscurité se fit, ils se mirent à l'œuvre.

L'un d'eux avait trouvé une provision de chaux et de plâtre dans le réduit ; il imagina de fabriquer un mortier qui consolidât la muraille ; vers minuit la brèche fut bouchée et le rempart était certainement plus solide que la veille.

Non contents de ce premier résultat, les assiégés commencèrent un travail de terrassement qui fut très-utile plus tard.

Les sentinelles, couchées sur les angles de la redoute en surveillaient les abords; elles remarquèrent une grande agitation dans le camp ennemi.

Les chefs, les marabouts, tous ceux qui avaient de l'influence sur les guerriers arabes prêchaient la guerre sainte et promenaient dans les tentes des registres où s'inscrivaient des volontaires pour l'assaut du lendemain.

Trois mille hommes au moins se préparèrent pour l'attaque et se rendirent au village pour y former la colonne d'assaillants.

« La brèche est si large, leur avait-on dit, que l'on peut y passer trente de front.

Mais, dès l'aurore, ces fanatiques reconnurent que les Français avaient fait des réparations telles qu'ils étaient très-bien abrités.

Il y eut un moment de consternation.

Les officiers de réguliers attendirent de nouveaux ordres; on leur enjoignit de couvrir les pentes de nombreux tirailleurs, qui, s'avançant isolément, éviteraient les coups de mitraille et seraient moins facilement atteints que la veille par la fusillade.

Cette manœuvre habile, qui fait grand honneur au talent de Ben-Tamy, le lieutenant d'Abd-el-Kader, fut périlleuse pour les zéphyrs.

Les Arabes étaient dispersés, couchés sur le sol, difficiles à distinguer, grâce à leur burnous couleur de terre; ils s'avancèrent ainsi en avant des maisons, gagnèrent du terrain et ces nuées de tirailleurs engagèrent bientôt une fusillade très-nourrie, très-dangereuse, à laquelle il était difficile de riposter.

Le capitaine Lelièvre sentit toute la gravité de la situation.

Il ordonna à ses hommes de tirer peu, les engageant à ne pas se troubler.

— A mesure, dit-il, que les Arabes avanceront, ils seront forcés de se concentrer; quand vous les verrez compacts et massés, vous ferez alors un feu du diable, ce sera le moment. L'ennemi s'avança.

Nul n'est plus prompt à l'enthousiasme que l'Arabe.

Un rien l'encourage.

Nul en revanche n'est plus vite abattu.

Un rien le décourage.

S'apercevant que les zéphyrs ripostaient mollement, les assaillants s'excitèrent par des cris, s'enhardirent et poussèrent de l'avant.

Comme ils convergeaient sur le même point, une concentration s'opéra.

Les officiers français choisirent bien leur moment et ils empêchèrent leurs hommes impatients d'arrêter ce mouvement trop tôt.

Lorsque les assiégeants supposaient déjà qu'un petit nombre de zéphyrs seulement survivait au bombardement, lorsqu'ils se ruaient vers le fossé avec des cris sauvages, le capitaine Lelièvre commanda :

Feu à volonté !

Alors on entendit un feu roulant d'une violence inouïe eu égard au petit nombre des assiégés; beaucoup d'Arabes tombèrent et il y eut de l'hésitation.

Les chefs, brandissant leur yatagan, se portèrent en tête, entraînant toute la troupe et, une centaine de braves sautèrent dans le fossé.

C'était l'élite des assaillants.

Les autres, indécis, n'avaient ni la force d'avancer, ni la lâcheté de reculer ; ils tiraient sur place.

Mais l'élan était coupé.

Les zéphyrs, de leurs créneaux, faisaient pleuvoir des

projectiles sur le gros de la colonne, ne se préoccupant pas de la tête qui, se croyant soutenue, cherchait à escalader les murs avec une intrépidité rare.

— Que les derniers f...ichent le camp ! cria un sergent et les autres décamperont.

Ce fut le mot d'ordre de cette journée.

Pendant quelques minutes, les moins avancés tinrent bon ; puis on en vit une dizaine lâcher pied.

Ce fut un signal de débâcle.

— Eh ! vous autres ! avait crié un zéphyr gouailleur, attendez donc un peu ; il ne faut pas brûler la politesse à vos amis.

Mais, malgré cette railleuse invitation, la débandade fut complète.

Dans le fossé, on ne voyait pas ce qui se passait dehors, et de ceux qui y étaient descendus, plusieurs parvinrent à se hisser sur la muraille au moment même où la colonne tournait les talons.

De ces malheureux, pas un n'échappa ; ils furent reçus par une dizaine de zéphyrs qui les rejetèrent au pied de la muraille à coups de baïonnettes.

Un seul tomba dans la redoute..

C'était le premier qui avait paru sur le mur.

Un zéphyr s'était brusquement dressé devant lui, et, empoignant une des mains de l'Arabe cramponné aux saillies de pierre, il l'avait tiré à lui brusquement, en lui disant :

—Mais donnez-vous donc la peine d'entrer, camarade, on vous attend.

Il l'avait fait tomber sur les baïonnettes d'une escouade

placée en réserve; un instant après, son cadavre était renvoyé par-dessus le rempart.

Le même zéphyr, railleur et cruel, criait:

— Avis aux amateurs !

Quelques zéphyrs se maintenaient sur le mur, pour faire un feu plongeant dans le fossé.

On leur passait les fusils chargés.

Décimée par cette fusillade, ne se voyant pas secourue, la tête de colonne sauta par dessus les talus et s'enfuit, à son tour elle perdit bien cinquante hommes.

Ceux-là étaient des braves; ils avaient montré une grande audace et une ténacité surprenante chez des Arabes.

Ce second assaut, le moins brillant de tous, malgré le dévouement d'une poignée d'hommes, ne pouvait réussir parce que les Arabes étaient venus se heurter contre la muraille ; ils en firent d'amers reproches à leurs chefs.

— Comment veut-on, demandaient-ils, que nous entrions dans la redoute? des lions, malgré leurs griffes, n'y parviendraient pas.

Cependant on avait reconnu que l'idée de Ben-Tamy était bonne et l'on décida que, le lendemain, on emploierait sa méthode, en tenant une réserve prête à soutenir les tirailleurs.

L'artillerie bombarda le fort toute la journée et on se fusilla jusqu'à six heures du soir avec acharnement.

VII

LA SECONDE NUIT.

La journée avait été bonne au point de vue de l'assaut, qui avait totalement manqué ; elle avait été mauvaise au point de vue du bombardement, qui avait mis les murailles en très-mauvais état.

Les blocs de pierre avaient été non-seulement renversés, mais brisés; les sacs à terre, éventrés, ne pouvaient plus être remplis de terre, non plus que les caisses remplaçant les gabions.

Les matériaux servant à boucher la brèche étaient donc en quelque sorte pulvérisés ; la muraille se trouvait minée, lézardée, branlante là où elle restait debout, et ses débris étaient broyés là où elle avait croulé.

La garnison, à la brune, se préoccupa de ce fait attristant ; les officiers étaient inquiets, et il devenait évident que les ressources des assiégés diminuaient.

Heureusement les zéphyrs montrèrent une fermeté d'âme qui fit beaucoup espérer à leurs chefs. Malgré la position précaire du fort, les soldats prirent gaiement leur repas du soir, et burent, à leur triomphe du matin, l'eau de leur bidon.

Les blessés se montraient stoïques.

L'on en avait déjà une dizaine.

Pendant la journée, il était presque impossible de s'occuper d'eux.

De temps à autre, un soldat se détachait en courant, vers l'ambulance, profitant de quelques minutes de répit, et il s'empressait de donner à boire aux uns, de resserrer les bandages défaits et de répondre aux questions, et puis il revenait aux créneaux en toute hâte.

M. Magnan, le lieutenant qui était chargé de l'artillerie pendant le jour, avait des connaissances en chirurgie; il passait la nuit auprès des blessés, qu'il pansait et qu'il opérait de son mieux.

Il avait affaire, du reste, à des malades d'une rare énergie.

Le fait suivant donnera la mesure du stoïcisme de ces zéphyrs, qui sont vraiment des hommes d'une énergie farouche.

Un d'eux reçoit une blessure affreuse, et il s'aperçoit que le sang coule à flots d'une artère ou d'une veine; il va s'asseoir sur une pierre, met avec calme un doigt sur la plaie d'où le sang jaillissait, et il attend, sans mot dire, que l'on puisse s'occuper de lui.

Le lieutenant le voit.

— Qu'as-tu, toi? demande-t-il.

— Presque rien, lieutenant; continuez votre feu et allez-y gaiement; vous me panserez plus tard, répondit-il.

Un autre avait eu la cuisse presque traversée par une balle.

Il s'assit sur un gabion derrière un créneau et continua à tirer.

Quand l'ennemi lui en laissa le temps, il tira tranquillement de sa poche son couteau arabe, se fit une incision dans la chair, et retira lui-même la balle, qu'il glissa dans son fusil, et qu'il renvoya à l'ennemi en disant :

— Je ne veux rien garder de ces gueux-là !

Ceux qui pouvaient se tenir debout offrirent de monter la faction la nuit, ayant, disaient-ils, le temps de dormir pendant le jour.

On en vit qui, le bras en écharpe, accoururent au moment des assauts pour lancer des grenades de la main restée libre.

Les plus gravement atteints ne se montrèrent pas moins courageux.

Domptant la fièvre et la souffrance, ils ne poussaient pas une plainte, et M. Magnan put dire au colonel Dubarrail :

— J'ai eu dix-sept blessés dans mon ambulance, et pas un n'a poussé un soupir ; on aurait cru, la nuit, entrer dans une chambrée de troupiers profondément endormis.

Cependant, au dehors, les hommes valides travaillaient.

Ils proposèrent à leur capitaine de se mettre en masse à la besogne, et de ne dormir qu'après l'avoir entièrement terminée.

Ces hommes, qui s'étaient battus toute la journée, qu'une lutte acharnée avait épuisés, qu'auraient dû abattre les réactions morales et physiques dont sont suivis les combats ; ces hommes accomplirent en quelques heures une tâche herculéenne, qui, au dire du génie de Mostaganem, aurait nécessité une nuit de travail à un millier de bras.

Parfois, un pauvre diable lassé quittait la brèche, se jetait sur sa couverture, sommeillait pendant un quart d'heure et revenait au chantier.

Point ne fut besoin d'appel, d'encouragement, de stimulant.

Les zéphyrs supplièrent même leurs officiers de se reposer.

L'un d'eux, une tête grise, avec cette familiarité touchante des troupiers, dit au capitaine Lelièvre :

— Tu es l'âme de la défense, notre œil, notre tête; nous sommes les bras. Les bras agiront cette nuit. Mais tu dois dormir pour avoir demain toute ton énergie; nous en aurons besoin...

Il se passa vers minuit un fait bien malheureux.

Une sentinelle entendit un cri du dehors :

— Camarades! faisait cette voix, ne tirez pas, je suis un ami.

Dans l'état de fébrile situation où l'on était, avec la crainte continuelle d'une surprise, on avait la main prompte : le factionnaire voyant une ombre se dresser et courir aux murailles, tira sans tenir compte de la recommandation qu'on lui avait criée.

Un homme tomba.

Les embuscades étaient si fréquentes en Afrique, tant de trahisons avaient excité la défiance des soldats, que la sentinelle fut prudente en agissant ainsi.

— Malheureux! s'écria le blessé en se débattant sur le sol, je vous apportais un avis.

On avait couru au rempart.

La voix reprit en râlant :

— Je suis Blaise, l'ancien tambour ; il y a trois mois, on m'a fait prisonnier, et forcé de servir aux réguliers ; je désertais.

Il y eut un grand silence.

Le pauvre tambour continua :

— Camarades, défiez-vous ; demain on vous attaquera avec... avec...

Il ne put achever et mourut.

— Avec... avec... avec quoi ? se demandait-on anxieusement.

Et dès lors une vive inquiétude s'empara de toute la garnison.

On regretta le trépas de ce brave garçon ; on le regretta d'autant qu'il n'avait pas achevé sa révélation importante.

Le jour vint, et l'on regarda de tous côtés pour tâcher de deviner la pensée de l'ennemi ; mais rien n'éclaira les assiégés.

La muraille était relevée tant bien que mal, le feu recommença.

Tout le monde était aux créneaux.

L'assaut se fit attendre.

VIII.

LA TROISIÈME JOURNÉE.

Le bombardement fut très-vif.

Quand les boulets eurent fait une ouverture, on comprit le dessein des assiégeants.

Plusieurs colonnes sortirent et du côté de la ville et du côté de la plaine.

Les tirailleurs s'éparpillèrent et cernèrent le fort, obligeant la garnison à en occuper toutes les faces : il fallut diviser la défense.

Le lieutenant Magnier commandait les servants d'artillerie.

Le sous-lieutenant Durand garda la porte et les deux côtés qu'elle commandait.

Le sergent-major eut à surveiller les deux autres faces.

Sur chaque point, on n'avait qu'une poignée d'hommes seulement pour repousser les masses ennemies, et lorsque la fusillade fut intense, tout à coup on aperçut des groupes d'Arabes s'avancer, munis de madriers, de perches et d'arbres garnis de branches formant divers échelons.

Les Arabes se proposaient de grimper à l'assaut de toutes parts, à l'aide de ces derniers engins, pendant que d'autres, employant les poutres comme béliers, entameraient la muraille et la renverseraient.

Ainsi se pratiquaient les siéges avant l'invention de la poudre.

De toutes parts, un feu infernal retentissait.

De toutes parts, des détachements couraient aux fossés et dressaient des échelles.

Et, sur chaque face, vingt hommes pour repousser tant de monde !

Il y eut des moments terribles.

Avec un courage héroïque, les assiégeants, méprisant

la mort, escaladaient les talus et les murs, et couronnaient les crêtes ; ceux qui arrivaient au sommet déchargeaient aussitôt leurs pistolets, et il fallait les repousser tout en continuant la mousqueterie avec les tirailleurs du dehors.

Pendant une heure on se battit ainsi au milieu des clameurs, des hurlements de rage, des détonations, de la fumée.

La pièce d'artillerie des assiégés était surtout le point de mire de l'ennemi.

Du fossé, des indigènes, maniant des perches solides, renversaient les sacs à terre, mettaient ainsi les servants à découvert, et une grêle de balles tombait sur ceux-ci.

M. Magnier montra une énergie surhumaine et galvanisa ses hommes. Quelques-uns, imitant son exemple, firent face à ce danger, en se dévouant.

Ils se tinrent près de la pièce, et sans se lasser, ils remplaçaient les sacs à mesure qu'ils tombaient ; ainsi, pendant deux heures.

Ce fut un miracle de patience.

La dernière phase fut terrible.

Au plus fort de l'attaque, sans qu'on s'y attendît la terre trembla soudain sous les pas de trois mille chevaux.

Les cavaliers d'Abd-el-Kader venaient, saisis d'un subit enthousiasme, de s'élancer contre le fort et ils se jetaient au plus épais de la mêlée, comblant les fossés des corps de leurs chevaux et des leurs, entassant couches par couches tant de cadavres que bientôt il y eu un pont praticable du faîte des murs au sol ; sur ce pont, fantassins et cavaliers s'élancèrent, s'acharnant à le franchir.

Pendant dix minutes, — dix siècles! les zéphyrs, la sueur au front, le sang aux yeux, la baïonnette au poing, reçurent ces chocs furieux, et ils allaient succomber, haletants, écrasés de fatigue, mourants de soif, quand le secours leur vint.

Non un secours d'hommes pourtant.

Dans l'escouade de réserve, un caporal eut l'idée de prendre un obus, de l'allumer et de le lancer au milieu des assaillants.

Le projectile éclata, tua ou blessa une trentaine d'hommes, et, comme vingt, trente, cent obus ou grenades suivirent celui-là, en un instant, les plus fougueux, les plus intrépides parmi les assaillants ne purent tenir.

A chaque détonation, un grand vide se faisait; en vain les derniers poussaient les premiers; en vain les rangs se serraient; la mort pleuvait sans relâche et le découragement saisit les plus vaillants.

L'attaque se ralentit.

Longtemps encore cavaliers et fantassins demeurèrent en place sans avancer ni reculer, tirant toujours; longtemps ils se tinrent sous la redoute; trois fois même ils voulurent recommencer l'assaut.

Mais les grenades volaient par-dessus les murailles et, le premier enthousiasme étant passé, les bandes indigènes n'osèrent plus pousser de charge à fond.

Pour cette journée encore, c'était fini. Mais quelle bataille!

Un moment de faiblesse et tout eût été perdu!

Les baïonnettes étaient tordues; leurs lames étaient rouges jusqu'à la douille; la cour de la redoute était pavée de boulets et de balles; et les officiers se demandaient avec angoisse si, le lendemain, leurs hommes soutiendraient un assaut qui ne manquerait pas d'être mieux dirigé et plus dangereux encore que celui-là, car les Arabes se montreraient chaque fois plus braves, plus adroits, plus déterminés.

Il est vrai qu'un zéphyr eut un mot qui prouvait à quel point lui et ses camarades regardaient philosophiquement la mort.

Montant sur le mur, il embrassa d'un regard le champ de bataille.

— Que d'Arbis (Arabes) par terre, s'écria-t-il; il y en a autant que de noix sur l'herbe quand on a gaulé les noyers!

Et avec un de ces gestes intraduisibles qu'ont seuls les soldats d'Afrique :

— C'est égal, les enfants, nous pouvons claquer maintenant; nous avons tué chacun une vingtaine d'Arabes. Si on nous coupe le cou, nous redevons chacun dix-neuf têtes!

Et à ce lazzi, les éclats de rire retentirent sonores et francs, portant à la fois un défi à la mort et à l'ennemi.

IX

LE TALISMAN DU COLONEL.

On était cruellement inquiet à Mostaganem, dans la matinée du 6.

Le canon des Arabes tonnait toujours.

De la ville, on s'aperçut qu'un renfort de pièces était arrivé, et l'on craignit que cette fois la garnison, épuisée par la lutte, ne succombât enfin.

La position du colonel Dubarrail, commandant la ville, était des plus difficiles ; il sentait peser sur lui une terrible responsabilité.

Courir au secours de Mazagran, c'était s'exposer à livrer en plaine sa petite troupe au massacre ; puis c'était aussi risquer de faire enlever ce port dont les habitants indigènes s'étaient dévoués à notre cause et, qu'en cas d'assaut, les vainqueurs auraient massacrés sans pitié.

Cette exécution eût produit des effets très-désastreux.

Toutes les villes que nous occupions auraient tremblé; pour se garantir des horreurs d'un sac, les indigènes, traitant sous main avec l'émir, nous auraient trahis.

Mais d'autre part, il était affreux de laisser sans secours de braves gens qui se défendaient à outrance à quelques mille mètres de la ville, des camarades qu'on connaissait par leur nom, des amis du même bataillon.

Le colonel se décida, le 6 au matin, à tenir un conseil de guerre.

Il lui posa cette question :

— Devons-nous marcher à l'ennemi?

Les officiers convoqués décidèrent à l'unanimité que le devoir forçait la garnison à ne pas exposer la place, mais à l'unanimité aussi, ils furent d'avis qu'il fallait exécuter une sortie vigoureuse à l'heure où se donnerait l'assaut que chaque jour l'ennemi tentait contre Mazagran.

De la sorte on opérerait une diversion utile et on inquiéterait l'ennemi.

Fort de cet assentiment, le colonel Dubarrail fixa à trois cents le nombre des hommes qui iraient livrer bataille aux quinze mille cavaliers épars dans la plaine; quelques artilleurs et quelques hommes seulement (les moins valides) gardèrent les murailles.

Lorsque les habitants apprirent ce que nous nous proposions de faire, il y eut grand émoi dans Mostaganem.

Les nègres, les Arabes, les Maures, les Turcs se rassemblèrent, causant avec animation sur les places et dans les rues.

Ces pauvres gens croyaient les Français fous et le disaient hautement.

Les femmes prenant leurs enfants dans leurs bras, se jetaient aux pieds des soldats, les suppliant de ne pas sortir des murs.

Les notables conjuraient les officiers de renoncer à leurs projets.

— Vous allez vous faire écraser! disaient-ils; vous serez un contre cent.

On congédia tout ce monde et l'on fit taire tous ces braillards.

Chacun d'eux rentra consterné dans sa maison et fit ses préparatifs.

Les femmes enterraient leurs bijoux, les hommes cachaient leurs trésors.

On ouvrait les silos et on y cherchait un refuge.

Seuls les nègres se montrèrent très-décidés.

Le plus important d'entre eux, un chef de corporation connaissait un zéphyr.

— Vous êtes donc *mabouls* (insensés), lui avait-il dit, d'aller ainsi vous faire exterminer ?

— Mais non, dit le zéphyr.

— Les gens de l'émir ne feront de vous qu'une bouchée, s'écria le nègre.

— Allons donc! répondit le zéphyr, qui était farceur fini, nous sommes sûrs de vaincre.

— Pourquoi ?

— Parce que cette nuit le colonel Dubarrail a reçu de Mahomet, qui n'est pas content d'Abd-el-Kader, un talisman pour battre les cavaliers rouges et tous les Bédouins. Le capitaine Lelièvre en a reçu un aussi : c'est pour cela qu'il tient toujours là-bas et qu'il tue tant de monde.

— Tu as vu le talisman? demanda le nègre avec la naïveté de sa race.

— Parbleu !

— Comment est-il fait ?

— C'est un parchemin sur lequel est écrit un verset du Coran.

—Alors, fit le nègre convaincu, je n'ai plus peur pour la ville.

Et il courut vers les siens, et les rassura si complétement qu'ils nous saluèrent de leurs vivats au départ, se mirent aux créneaux et suivirent fort tranquillement les diverses phases de la lutte.

Le soir, en rentrant, le zéphyr eut l'idée ingénieuse de se procurer à la mosquée près de l'iman une page couverte de citations du Coran ; il annonça en cachette aux nègres que c'était le fameux *gri-gri*, le merveilleux talisman du colonel, perdu par lui dans la bataille.

Il le découpa en milliers de morceaux presque imperceptibles, qu'il vendit fort cher.

Chaque nègre, chaque indigène, — car tout musulman y crut, — voulut avoir une bribe de parchemin et eut la conviction d'être invulnérable.

Quant au zéphyr, il eut de l'or plein sa ceinture et fit une bombance telle qu'il mourut avant d'avoir mangé, ou plutôt d'avoir bu sa petite fortune.

Le drôle était spirituel, mais ivrogne.

Lorsque la cavalerie sut que l'on allait se battre, elle voulut avoir sa part de danger ; mais des cavaliers en si petit nombre ne pouvaient risquer une charge.

On refusa donc le concours des quelques pelotons dont on disposait.

Ce que voyant, chasseurs et spahis mirent pied à terre et, mousqueton au poing, sabre au côté, se joignirent à l'infanterie.

On les accueillit par des hourras.

Il y avait dans la garnison une fièvre ardente d'enthousiasme.

Certes, les cent vingt-trois héros de Mazagran méritent l'immortalité ; mais il serait injuste d'oublier la tentative héroïque de ces hommes intrépides qui, au nombre de trois cents, osèrent offrir la bataille à quinze mille cavaliers en rase campagne.

C'est un des combats les plus disproportionnés de l'histoire moderne.

X

BATAILLE RANGÉE.

Pour bien comprendre le combat que livra la garnison de Mostaganem, il faut se rendre compte de la situation du terrain.

La ville, et Mazagran situé à trois kilomètres d'elle, sont adossés à la mer.

Pour aller à la redoute, défendue par le capitaine Lelièvre, il y avait deux chemins.

L'un à droite, assez rapproché de la mer et suivant une pente très-rapide, en haut de laquelle était la Casbah de Mazagran.

L'autre suivait à gauche une plaine assez étroite et appelée le grand ravin ; il s'engageait ensuite au flanc du mamelon qu'il contournait.

La garnison sortit par la route la plus voisine de la mer.

En suivant la plaine, elle eût été écrasée.

Elle avait avec elle une pièce de huit et un obusier que dirigeait le capitaine Palais.

Dès que les Arabes virent cette petite colonne s'aventurer témérairement à quinze ou seize cents mètres de Mostaganem, ils accoururent en foule.

Il était une heure environ quand le premier coup de fusil de cette journée mémorable fut tiré par l'ennemi.

Le colonel Dubarrail avait placé au centre, à cheval sur la route, ses deux pièces et les avait confiées aux cavaliers à pied.

Vers sa gauche, surveillant le ravin, il avait une compagnie; à sa droite, deux autres compagnies.

Cent hommes du 15ᵉ léger étaient en réserve et sous sa main.

Tout le monde était déterminé à faire son devoir.

— Il ne s'agit pas seulement d'être braves, avait dit le colonel, il faut être adroits, calmes et prudents : que personne n'avance, que nul ne recule et qu'on montre un sang-froid inébranlable.

Selon leur habitude, les Arabes s'élancèrent en fourrageurs, poussant des cris sauvages, caracolant, tirant du haut de leurs chevaux, criblant les rangs de balles, mais n'arrivant pas franchement sur la baïonnette.

On les laissa arriver à bonne portée, puis le canon leur cracha des obus et des boulets au plus épais de leurs goums ; on leur envoya une fusillade bien nourrie et ils s'arrêtèrent.

Se dispersant de nouveau, ils entretinrent un feu de tirailleurs qui les couvrit de fumée; ils se cachèrent bientôt sous ce feu protecteur.

Heureusement, le colonel Dubarrail, prévoyant tous leurs mouvements, ne fut jamais pris au dépourvu et fit face à tout.

Pendant que les nôtres ripostaient au feu de face qu'ils recevaient, des masses considérables se jetaient vers la gauche, dans le grand ravin, avec l'intention de nous tourner et de nous couper la retraite sur la ville.

— Que personne ne bouge, qu'on ne s'inquiète pas de ce mouvement, fit dire le colonel à tous les officiers; il ne s'achèvera pas.

En effet, au moment où les cavaliers, débouchant du ravin, poussaient une grande clameur, s'apprêtant à se rabattre sur nous, les forts de Mostaganem se couronnèrent d'un nuage; cinq ou six détonations formidables retentirent ; les projectiles sifflèrent dans l'espace ; des cris de rage s'élevèrent, et l'on vit ces cavaliers, fauchés par des salves de mitraille, tourner bride au galop.

Les Français saluèrent leur échec par des rires ironiques et les défièrent avec une insolence qui les exaspéra.

Ils se reformèrent.

Mais les obus allèrent fouiller leurs rangs si loin qu'ils désespérèrent de réussir cette manœuvre et combinèrent un autre plan.

Vers la mer, ils se crurent plus à l'abri du canon de la place et, en effet, ils étaient de ce côté mieux abrités de ses feux ; ils se glissèrent de ce côté.

Pour leur fermer le chemin, le colonel déploya une ligne de tirailleurs jusqu'aux falaises, avec ordre de se former par quatre contre les charges des fourrageurs et promesse d'empêcher celles qui se feraient par masses.

Voyant le mince cordon de troupes qui se formait en face d'eux, les cavaliers se réunirent à quelques centaines de mètres devant l'extrême droite, le plus près possible de la rive ; confiants dans leur chef, les tirailleurs ne se troublèrent point et tirèrent froidement.

Ils virent bientôt le feu des deux canons postés sur le chemin faire tant de ravages parmi les Arabes, que ceux-ci ne purent se tenir réunis et qu'ils s'éparpillèrent.

Mais enragés de voir notre artillerie les disperser ainsi,

ils s'élancèrent par petits détachements sur les tirailleurs.

Ceux-ci, en un clin d'œil, se placèrent quatre par quatre, pied contre pied, formant ces fameux petits carrés qu'on croirait si faibles et qui sont si solides quand ce sont des braves qui se groupent ainsi ; les Arabes furent reçus sur les baïonnettes et pas un des carrés ne fut entamé. L'ennemi n'y comprenait rien.

Pendant plus d'une heure, les réguliers et les irréguliers renouvelèrent leurs charges sans aucun succès, parce qu'elles étaient poussées sans ensemble, sans direction, par une centaine de chefs différents qui ne savaient pas tenir leur monde *dans leur main*, et diriger tous les efforts vers un but unique.

Toute cette multitude s'épuisa en tentatives inutiles, et il fallut bien reconnaître, non sans stupeur, qu'on ne pouvait rien sur ce point.

Désespérant de réussir sur la droite, les Arabes tinrent une espèce de conseil.

Pendant un quart d'heure environ, les chefs leur prêchèrent le courage, l'énergie ; ils leur montrèrent cette poignée d'infidèles qui les raillaient, les insultaient, les bravaient impunément.

On voyait les guerriers entourer les marabouts, brandir leurs armes et s'exalter.

On s'attendait à quelque chose de terrible.

En effet, une ligne épaisse et large de cavaliers déterminés se forma derrière les escarmoucheurs ; il y avait au moins six mille sabres réunis sur une profondeur énorme et sur une étendue de cinq cents mètres ; en tête étaient les drapeaux, les chefs, les marabouts, les plus fameux guerriers de chaque douar.

Ce fut une minute solennelle que celle où cette armée s'ébranla.

Elle était hors de portée.

Elle partit au pas,

Puis au trot.

Le sol trembla; le ciel fut obscurci par un voile épais de poussière; on eût dit que le terrain allait s'effondrer sous cette masse, tant elle était pesante.

Certes, il fallut aux nôtres des cœurs de bronze pour ne pas faiblir.

Les Arabes se ruaient sur nous, sans un coup de feu, avec la froide détermination d'en finir ; ils venaient droit aux canons.

Ceux-ci envoyèrent leur première décharge ; chaque boulet dut tuer quinze hommes ; chaque obus dut en éventrer une trentaine.

Si l'ennemi, plus calme, eût conservé son allure, il nous aurait peut-être exterminés ; mais à trop grande distance, il éperonna ses chevaux qui s'emportèrent.

Dans le galop, le désordre se mit parmi cette effrayante quantité de coursiers peu accoutumés à marcher en rang.

Là où un boulet démontait un cavalier, cent autres roulant sur celui-là, jonchaient le sol, et une confusion inouïe régna bientôt dans cette troupe indisciplinée dont les montures haletaient déjà en arrivant à portée de mitraille, c'est-à-dire à six cents mètres.

Nos artilleurs, sans trouble, sans hâte, envoyèrent alors

leurs boîtes à balles (cent soixante projectiles à la fois), et tout coup porta.

En vain les Arabes poignardaient-ils leurs coursiers épuisés de leurs pointes d'acier, ceux-ci ralentissaient leur allure.

Et tout le front de la colonne était fauché par des coups de mitraille épouvantables.

Ceux qui restaient debout avaient à franchir une mare de sang semée de cadavres.

Les plus hardis poussaient toujours.

Il arriva bientôt ce qui arrive constamment dans ces circonstances : d'une ligne qu'ils présentaient les cavaliers formèrent un angle, les moins courageux pliant et un groupe intrépide continuant à donner de l'éperon.

Cette tête de colonne arriva à soixante pas ; mais là, une dernière décharge la hacha si affreusement que les plus déterminés tournèrent bride et que toute cette armée se replia, renonçant à nous enlever nos positions, mais attendant le moment de notre retraite.

Il était quatre heures environ.

Il fallait songer à se retirer.

Ce retour sur Mostaganem présentait les plus graves dangers. Au premier signal d'une reculade, l'ennemi allait revenir à la charge et, le feu de l'artillerie devant se ralentir nécessairement, la fusillade étant aussi moins vive par suite de la marche en arrière, nos adversaires s'encourageraient d'autant à nous aborder franchement.

Puis, quoi qu'on fasse, il y a toujours du désordre dans une opération semblable; on était, en outre, obligé de rappeler les tirailleurs et de garnir la droite ; tout favorisait l'ennemi.

Un immense danger planait sur nous.

XI

LA RETRAITE.

Les Arabes excellent à changer une retraite en déroute.

Leur tactique consiste à envelopper l'ennemi, à le couper, à le cribler de balles qui pleuvent de toutes parts et à s'abattre sur lui avec la rapidité de la foudre lorsqu'il est démoralisé.

Un goum arabe saisit avec une décision et un coup d'œil admirables toutes les occasions favorables qui se présentent ; il profite du moindre incident.

Un blessé qui tombe, un mulet qui s'abat, une roue qui se brise, toute cause d'embarras ou de retard est aussitôt remarquée et exploitée avec adresse.

Il y a, du reste, dans le caractère du guerrier arabe, cette particularité remarquable qu'il est d'une bravoure folle contre l'ennemi qui recule.

Au premier pas en arrière, on voit l'audace des cavaliers grandir, s'exalter et arriver au paroxysme de la témérité.

Le colonel Dubarrail connaissait à fond les indigènes ; il sentait que c'en était fait de sa colonne et de lui, s'il ne prenait pas les mesures les plus propres à déconcerter l'attente de ses adversaires.

3.

Ceux-ci, à distance de fusillade, sentaient bien que les Français allaient bientôt se décider à battre en retraite.

La nuit les forçait à rentrer dans la place.

Après de si grandes pertes, après les affronts sanglants qu'ils avaient reçus, les contingents éprouvaient le besoin d'une revanche, et une soif ardente de vengeance s'était emparée d'eux.

Malgré les échecs subis, ils n'avaient qu'à se compter pour que le sentiment de leur immense supériorité leur redonnât la certitude de nous écraser ; en se voyant si nombreux contre une si petite troupe, ils enrageaient de n'avoir pas encore foulé cette poignée de fantassins sous les pieds de leurs chevaux.

Puis, debout sur leurs étriers, ils apercevaient derrière nous Mostaganem.

Aux premiers entrés dans cette ville opulente, le pillage.

Aux plus braves les coups de yatagan, faisant voler les têtes des Français et des indigènes traîtres à leur foi.

Aux plus hardis les sacs de damas, les bijoux, les femmes réduites en esclavage, la gloire et la richesse !

Et, la main frémissante sur la crosse des fusils, l'œil au guet, l'oreille tendue, ils écoutaient, avides, les sons du clairon, cherchant à deviner le sens des commandements.

A chaque minute, ils se rapprochaient davantage et ils se portaient surtout vers notre droite, du côté de la mer.

C'est là qu'ils espéraient nous entamer ; car un mince

cordon de tirailleurs s'y étendait sur un espace d'une demi-lieue, allant de la route où nos pièces étaient en batterie, aux falaises qui bordaient le rivage.

Le colonel Dubarrail comprit l'imminence du danger et sentit qu'il courait un double péril.

Rappeler ses tirailleurs à lui, c'était livrer le passage entre la mer et sa troupe.

Mais faire reculer ses tirailleurs, c'était attirer sur eux des masses énormes que ses canons en retraite ne pourraient plus disperser.

Cet officier ordonna d'abord un mouvement en avant et un feu d'artillerie violent pour dégager toute sa ligne, défendant de donner aucun signal pour la retraite.

Les officiers des tirailleurs, après une centaine de pas en avant, devaient s'arrêter, faire exécuter une fusillade très-vive dans le but de se couvrir de fumée, puis, tout à coup, se replier brusquement sur une réserve, placée sur un point où la mer entamant le rivage, où la route formant un coude, il en résultait que la ligne à défendre se trouvait considérablement rétrécie.

Là on devait tenir bon et attendre de nouveaux ordres.

Cette manœuvre fut très-brillamment exécutée ; et les Arabes, surpris par la fausse attaque des Français, crurent qu'ils voulaient pousser jusqu'à Mazagran.

Tout à coup, au moment où l'on s'y attendait le moins, nos fantassins, prenant le pas de course, se reliaient à leur réserve.

L'ennemi comprit qu'il était joué.

L'ennemi s'ébranla par grosses masses ; les unes courant aux canons qui, n'ayant pas encore bougé, formaient angle sur le front de bataille ; d'autres goums cherchèrent à passer entre la route et le carré qu'avaient formé les tirailleurs.

Le plus grand nombre se rua entre ce carré et la mer.

Mais les canons de Mostaganem commençaient à pouvoir mordre sur l'ennemi ; leurs projectiles balayaient le sol à droite et à gauche du carré, ne permettant pas aux cavaliers de le déborder ; chaque fois, une violente fusillade ajoutait à l'effet des boulets; un grand nombre de cavaliers furent démontés en un clin d'œil ; ils recevaient des volées de balles du côté des fantassins, des boulets de face venus des remparts de la ville, de la mitraille par la petite batterie du chemin qui les tenait presque dans la gueule de ses deux canons.

Il y eut encore une reculade forcée, une fuite désastreuse sur toute la ligne des indigènes qui dégagèrent notre droite, protégée désormais par l'artillerie de la place ; les Arabes n'osaient plus aborder la gauche, laquelle n'avait pas cessé, en raison de la configuration du terrain, d'être sous l'abri des remparts ; mais ils se massaient contre le centre qui saillait en avant.

Leur dernier espoir de vengeance était là.

Ces deux canons, dont les projectiles les avaient balayés si longtemps, devaient enfin se taire pour reculer ; et que feraient les compagnies qui les gardaient?

Plus de mitraille !

Et alors on foudroyait cette infanterie par une charge impétueuse, on poussait aux canons en fuite et on les enlevait.

On aurait, du moins, cette consolation d'un demi-succès et deux trophées glorieux à promener dans les tribus.

Notre centre se mit, en effet, à opérer son mouvement en arrière sur la place ; mais point comme le supposaient nos adversaires.

Les cavaliers à pied, qui gardaient les pièces, se divisèrent par moitié ; une section entourant chaque canon.

On plaça la seconde pièce toute chargée à cinquante pas de la première qui envoya sa volée et courut se poster à distance de la seconde ; et cette manœuvre se continua jusque sous les murs de la ville, déconcertant l'ennemi qui, ahuri, découragé, n'osa se lancer à fond et comprit que nous lui échappions.

On le vit, couvrant la campagne, demeurer longtemps indécis et comme stupéfié ; puis il se dispersa comme par enchantement.

Mais que se passait-il à Mostaganem ?

Pendant la bataille, — car ce fut une vraie bataille rangée, — les nègres, par les créneaux, suivaient les phases de la lutte, saluant les beaux coups de leurs *yous yous* — cris de joie équivalant à notre hourrah ; — ils appelaient les Arabes, les Maures, les Juifs, leur annonçant que nous étions vainqueurs.

Peu à peu la panique qui s'était emparée des indigènes se calma : ils sortirent de leurs cachettes.

Ils vinrent timidement d'abord, se ranger à côté des nègres ; puis la bravoure que déployaient les nôtres les enhardit, les rassura, les enthousiasma.

Ils coururent chercher leurs vieillards, leurs enfants, leurs femmes.

Tout ce monde garnit le mur de défense, se grisant peu à peu d'enthousiasme, nous criant courage et s'exaltant à ce spectacle magique d'un combat aussi disproportionné soutenu avec un brio inouï.

La population entière s'associa par la pensée à cette mêlée qui se tordait furieuse, échevelée, sous ses yeux.

Il y eut un moment d'indicible émotion quand la cavalerie arabe chercha à nous cerner ; une grande clameur retentit derrière les remparts.

Mais un fort fit feu et foudroya les goums.....

Toute cette foule haletante salua la fuite de l'ennemi par un grand cri de joie qui arriva jusqu'aux combattants.

Plusieurs nègres s'étaient armés ; ils avaient sauté dans le fossé et, dans leur folle ardeur, ils se postèrent sur l'extrême gauche de notre ligne qui ne les soupçonna pas là ; ces quelques hommes, cachés dans un pli du sol, firent feu pendant toute la durée de l'action et abattirent nombre d'Arabes.

Malheureusement ils n'avaient point donné avis de leur présence.

Lors de la retraite, ils furent à découvert par le brusque départ des nôtres ; les cavaliers ennemis les entourèrent et les massacrèrent avec une cruauté impitoyable.

Les noirs se défendirent avec rage et vendirent, paraît-il, très-chèrement leur vie ; mais ils succombèrent.

Leurs têtes, coupées et pendues à la selle des guerriers, furent les seuls trophées que nos adversaires recueillirent dans cette journée.

Facile triomphe !

Un de ces braves volontaires échappa pourtant au yatagan des Arabes.

Se voyant cerné, il s'était pelotonné sur lui-même, de façon à former une boule de son corps, sa tête entre les genoux, ses bras étreignant ses jambes ; puis il s'était laissé rouler ainsi sur les cavaliers qui remontaient le ravin au sommet duquel il se trouvait, lui et ses compagnons.

Cette manœuvre est assez ordinairement employée par les indigènes.

Il avait passé à travers les chevaux et dégringolé en bas des pentes, où il s'était perdu dans les arbres ; là, il se tint coi, attendant un moment propice.

Il vit d'en bas le massacre des siens, impuissant à les secourir, mais s'exaspérant contre ceux qui décapitaient ses camarades.

Vint la retraite des Arabes, qui fut prompte, parce que le canon de Mostaganem tonnait ; les guerriers abandonnèrent des blessés.

Le nègre, ayant soif de vengeance, parcourut le champ de bataille, dès que les cavaliers l'eurent évacué, et il chercha les blessés pour les achever ; il en poignarda cinq ou six qu'il décapita sans pitié, traînant avec lui les têtes rattachées par la mèche du crâne à sa ceinture.

Il aurait continué cette œuvre sanglante sans obstacle, car on ne se doutait point de ceci à Mostaganem, si un blessé, le voyant venir à lui, ne lui eût cassé la tête d'un coup de pistolet.

Le lendemain, on trouva son corps sur le terrain ;

les têtes coupées à sa ceinture, qu'il tenait d'une main.

On s'expliqua ce qui s'était passé.

La défaite des Arabes par la garnison de Mostaganem produisit une immense sensation.

Les habitants de cette ville racontèrent le courage des nôtres et publièrent partout leur supériorité; dans les cités du littoral nous conquîmes une grande popularité, et les habitants, sûrs d'être défendus, se lièrent indissolublement à notre cause, suivant en cela leur instinct naturel.

Les citadins civilisés, appartenant aux races maures, turques, juives, exècrent les Arabes de la plaine, qui ne rêvent que le pillage des villes et haïssent leurs habitants.

La prise de Mostaganem aurait pu terrifier toutes les autres cités et les détacher de notre parti.

La valeur de la garnison nous assura au contraire tous les ports de la côte, qui prirent confiance en nous.

Les Mostaganiens préparèrent aux Français une entrée triomphale.

Rangés sur leur passage, ils jetaient leurs burnous sous leurs pas, les hommes acclamant les soldats, les femmes baisant leurs mains noires de poudre, les enfants leur sautant au cou, tous leur offrant des bijoux, des fleurs arrachées aux jardins, des foulards et des ceintures en signe de reconnaissance.

Quand les blessés passaient ensanglantés, les femmes touchaient leurs uniformes avec leurs mouchoirs dont elles entouraient ensuite le corps de leurs enfants avec la croyance naïve que ce contact les rendrait invincibles.

A genoux, elles suppliaient les officiers d'imposer les

mains à leurs fils adolescents, pensant ainsi en faire des braves.

La ville était en fête.

Un épisode touchant eut lieu à l'entrée des portes.

Un vieillard y attendait, avec sa fille, les auxiliaires arabes qui nous avaient bravement soutenus.

A la vue d'un des indigènes de notre goum, il l'appela et lui dit :

— Je t'avais refusé ma fille, parce que je ne te trouvais pas assez riche ; mais tu as été si brave aujourd'hui que je te la donne sans dot : prends-la.

Et les deux jeunes gens se jetèrent dans les bras l'un de l'autre, scène inouïe pour qui connaît les musulmans.

Tel est le prestige de la bravoure ; elle force l'admiration.

Grâce à elle, si nous n'avons pas toujours conquis l'affection de nos adversaires, du moins avons-nous toujours eu leur estime, et, quand un Arabe parle des Français, si ennemi qu'il soit de leur domination, on ne l'entendra jamais prononcer contre eux des paroles de mépris.

Mostaganem était sauvé.

Les Arabes étaient battus.

Mazagran avait-il succombé ?...

Triste question que se posaient les vainqueurs de cette grande journée et qui assombrissait leur joie.

On écoutait...

On n'entendait rien vers le fort.

On regardait...

On ne voyait rien.

Et la nuit qui commençait à tomber enveloppa bientôt toute la campagne de ses voiles ; avec elle, les hyènes et les chacals descendirent des montagnes et se répandirent dans la plaine, qu'ils remplirent de leurs rauquements sinistres, en s'appelant à la curée des cadavres.

Jusqu'au matin les fauves dévorèrent les morts...

Pendant que la garnison de Mostaganem se battait si valeureusement, le fort de Mazagran subissait un assaut, le dernier, le plus terrible.

La veille, à la suite de la longue attaque que nous avons décrite, les murailles avaient été très-endommagées, non sur un seul point, comme précédemment, mais à peu près partout.

Ça et là, des pans de murs avaient croulé.

Partout, l'enceinte était entamée.

Enfin, la principale brèche, agrandie sous le feu des canons, devenait de plus en plus difficile à combler.

Les zéphyrs étaient anéantis par leurs fatigues incessantes.

Depuis trois jours ils ne cessaient de se battre, de travailler, de se rebattre et de retravailler.

Rien de plus démoralisant que le danger prolongé.

Voir la mort en face de soi pendant quelques heures et ne pas faiblir, par un puissant effort de volonté, c'est ce que tout soldat vraiment soldat peut faire.

Mais sentir une menace terrible suspendue sur sa tête pendant des jours et des nuits, être obligé à dépenser pendant un temps si long une énergie surhumaine dans des efforts aussi prolongés, c'est dépasser la limite assignée aux forces de l'âme et du corps.

On se demande comment les assiégés ne se découragèrent point.

Pas d'autre espoir que celui de la victoire.

Et comment lasser ces quinze mille Arabes acharnés à la prise du fort ?

Il fallait que ces zéphyrs fussent d'acier, et d'acier trempé aux épreuves les plus dures, pour que le désespoir n'eût point de prise sur eux.

A peine les assiégeants eurent-ils disparu, qu'ils se mirent à l'œuvre, s'attachant d'abord à déblayer les cadavres et les débris.

On leur proposa de prendre quelque repos.

Ils refusèrent.

« Nous sommes encore échauffés par le combat, dirent-ils ; c'est le moment de travailler ; si nous dormons maintenant, qui sait quand on pourra nous éveiller ? »

Et ils se hâtèrent.

Les Arabes avaient laissé au pied des murs, des madriers, des échelles, des troncs d'arbres qui furent ramassés et qui servirent à consolider les remparts qu'ils avaient ruinés.

On travailla avec une espèce de rage ; ceux qui devaient faire sentinelle prirent, seuls, du repos.

On remua la terre avec frénésie, on rassembla des pierres, on entassa les uns sur les autres tous les matériaux que l'on put réunir.

Mais, malgré tout ce qu'on put faire, l'enceinte ne put être complétement relevée et il fut évident que le canon en ferait un amas de poussière le lendemain matin.

Les zéphyrs, après s'être assurés qu'ils n'avaient rien

négligé, s'étendirent sur leurs couvertures, sans inquiétude ; non qu'ils espérassent encore beaucoup, mais ils étaient résignés à mourir.

Ils avaient accompli leur devoir, plus que leur devoir ; ils savaient le poste peu important ; ils n'avaient d'autre souci que d'eux-mêmes, et ils avaient fait le sacrifice de leur vie.

La nuit fut calme.

Au camp arabe, point d'agitation, point de cris.

Pourtant les sentinelles remarquèrent que plusieurs grosses colonnes de cavaliers opéraient des changements de position entre elles.

Les tribus qui jusqu'alors avaient bloqué Mostaganem venaient se poster sous les murs de Mazagran pour l'assaut du lendemain.

Voici ce qui s'était passé.

Après le combat, les contingents des douars placés devant Mostaganem et qui n'avaient pas encore eu à repousser la fameuse sortie que nous avons décrite, vinrent injurier les vaincus, leur reprochant d'avoir été lâches et d'avoir manqué de persévérance.

De vives querelles étaient résultées de ces injures ; sur plusieurs points même on échangea des coups de yatagan, et l'intervention des chefs et des marabouts ne put que très-difficilement arrêter l'effusion du sang.

Trente tribus qui ne s'étaient pas encore battues, — car ces faits se passaient avant la bataille que nous avons décrite, — trente tribus quittant leur bivac, voulurent remplacer celles qui étaient rapprochées du fort ; elles chassèrent ces dernières ignominieusement et s'organisèrent, mais sans bruit, pour l'assaut du lendemain.

Les réguliers s'étaient plaints d'avoir été abandonnés.

Les nouveaux venus, prenant trois groupes de cinq cents hommes parmi eux, firent jurer à cette élite de ne pas reculer, et il fut convenu que l'on planterait trois drapeaux sur le fossé.

Tout homme, blessé ou pas, qui quitterait son drapeau mériterait la mort ; ses compagnons devaient tirer sur lui.

Les chefs avaient exploité habilement les colères de ces douars qui n'avaient pas encore éprouvé la valeur des assiégés ; ils les exaltèrent toute la nuit en leur représentant combien il serait honteux d'échouer après avoir insulté leurs frères repoussés par les Français.

De plus, on avait demandé à Mascara du renfort en artillerie ; plusieurs pièces de canon arrivèrent avant le jour ; si bien qu'au réveil, les Arabes virent une formidable batterie prête à battre en brèche et ils se sentirent sûrs de vaincre.

Un incident dramatique vint encore ajouter à leur ardeur.

Les guerriers chassés la veille avaient été profondément et cruellement humiliés de cet affront.

Une grande fermentation régnait dans leurs rangs.

Une trentaine d'entre eux résolurent de ne pas survivre à l'insulte qu'ils avaient reçue ; c'étaient trente jeunes gens, de ceux qui s'étaient, huit jours avant, inscrits comme volontaires, sur le registre bénit par les marabouts.

Ils vinrent, sans armes, se placer devant les camps de

ceux qui les avaient appelés lâches, et les sommèrent de se lever pour assister au drame qu'ils méditaient :

Vous nous avez traités de poltrons, dirent-ils à leurs compatriotes ; vous allez voir si nous avons peur de mourir !

Et, calmes, stoïques, d'un pas égal, ils se dirigèrent sur le fort.

Les sentinelles, étonnées, tirèrent sur eux ; la garnison prit les armes ; on se demanda dans la redoute ce que pouvaient vouloir ces fous à l'air si grave.

On suspendit la fusillade.

Mais ils envoyèrent une décharge pour prouver qu'ils n'étaient point des parlementaires, et continuèrent à marcher.

Toute l'armée ennemie les regardait en silence.

Les nôtres tirèrent.

Chaque pas que firent ces héros fut marqué par une tache de sang ; les uns tombaient pour ne plus se relever ; les autres chancelaient, roulaient à terre, se redressaient, galvanisés par le souvenir de leur serment, et allaient chancelant au devant d'une nouvelle balle.

Ainsi, stoïquement, jusqu'au dernier.

Celui-là, n'avait pas quinze ans ; il était ensanglanté quand il parvint au pied du rempart, car il y parvint ; nos soldats voulaient l'épargner.

Là, mourant, à bout de forces, il s'affaissa.

On voyait qu'il était mortellement atteint et qu'il souffrait atrocement de ses blessures.

Un soldat en eut pitié et lui cassa la tête pour terminer cette affreuse agonie.

Cet épisode émouvant impressionna vivement, mais très-diversement, les deux partis.

Il préludait bizarrement à l'assaut.

Les Arabes, en armes, au bas des hauteurs, restèrent muets de surprise, tant que dura la scène que nous avons décrite.

Ils semblaient cloués au sol.

Mais lorsque le dernier de ces trente braves fut tombé, ils se mirent à vociférer contre nous avec fureur, nous accablant d'injures, de menaces et agitant leurs fusils d'une façon frénétique.

Nos soldats, quoique frappés par le spectacle qu'ils venaient de voir, répondirent à cette provocation par des défis tout gaulois ; ils envoyaient aux Arabes des bordées d'insultes qui faisaient bondir ceux-ci.

Pour qui ne sait pas quelle horreur profonde le porc inspire au musulman, le fait suivant paraîtra enfantin, mais il mit le comble à la colère des indigènes.

Un zéphyr prit un morceau de lard, le planta au bout d'un bâton, le coiffa d'un chichia arabe et le montra à l'ennemi.

C'était une façon de lui faire comprendre que les zéphyrs considéraient l'armée d'Abd-el-Kader comme un troupeau de pourceaux immondes ; d'assiégés à assiégeants, on emploie souvent cette mimique facile à comprendre.

A la vue du bâton planté sur le mur, le camp entra comme en délire ; les imprécations volaient dans l'air ; les plus enragés s'avançaient jusqu'à portée de fusil pour lancer leurs apostrophes ; on eût dit, à leurs trépignements, une armée d'épileptiques.

Un officier fit observer qu'il était imprudent d'exalter ainsi l'ennemi ; mais un zéphyr lui répondit :

— Ou nous serons les plus forts ou nous succomberons ! En tout cas, nous aurons toujours eu le plaisir de faire enrager les *Arbis* ; mourir pour mourir, mieux vaut passer l'arme à gauche en faisant *marronner* les gens qui vous font passer le goût du pain ! Ces gredins-là vont donner l'assaut et nous couperont peut-être le cou dans une heure ; mais nous nous serons amusés en les blaguant !

A cet argument, point de réplique.

Les zéphyrs continuèrent à répondre aux provocations par d'autres :

— Allouf el rabaa (porc des bois) ! criaient-ils aux Arabes.

— Chadi ben chadi (singe fils de singe) !

— Djemel, kelb, etc., etc. (chameau, chien...)

Et tous les noms désagréables aux indigènes pleuvaient sur eux si bien que, dans le catéchisme poissard arabe les zéphyrs étant de première force, ils firent taire leurs ennemis.

Cette lutte, on le voit fut homérique, non-seulement par l'héroïsme antique des combattants, mais par les engueulements — qu'on nous passe le mot — qu'ils se prodiguaient.

Ces scènes sembleraient puériles, si la mort, planant sur ces braves zéphyrs, ne jetait pas sur leurs plaisanteries une ombre sinistre.

Rien ne put altérér leur haine et leur entrain ; rien, pas même l'apparition du capitaine venant exposer à ses hommes la terrible extrémité où l'on en était réduit.

Le tambour, sonnant le rassemblement, annonça l'arrivée du commandant de la redoute, et la compagnie se rangea autour de son chef qui avait à lui annoncer une nouvelle fatale.

— Mes enfants, dit le capitaine Lelièvre, nous allons nous trouver dans une f... position (*sic*) ; la poudre va manquer. Il va falloir ménager les cartouches et *jouer de la fourchette*. Pas un coup de feu avant que l'on ne tienne l'ennemi à bout portant ; alors une décharge et une charge pour le jeter hors de la brèche. Il nous reste des grenades qu'on n'emploiera qu'au dernier moment. Si nous sommes repoussés, on se ralliera au centre du fort avec le drapeau ; je conserve un baril de poudre pour nous faire sauter avec l'ennemi ; tâchons de tenir quelque temps dans le réduit, pour que le plus grand nombre possible d'Arabes envahisse l'enceinte et périsse avec nous.

A cette déclaration, au lieu de s'assombrir, les soldats répondirent en agitant joyeusement leurs képis.

— Vive la France ! vive le capitaine !

Ils étaient ravis.

Et ils avaient raison de l'être...

Ceci peut paraître paradoxal ; mais qui veut envisager la chose froidement, comme les zéphyrs le faisaient eux-mêmes, reconnaîtra que l'inspiration du capitaine était excellente.

La redoute emportée, la torture attendait les prisonniers.

Au lieu d'un supplice atroce, l'explosion leur donnait un trépas prompt et glorieux, en même temps qu'elle devenait fatale à un millier d'Arabes qu'on devait retrouver sous les ruines fumantes à côté deux.

Puis, il y a dans l'esprit français un côté bizarre qui fait que nos troupiers se tiennent pour satisfaits des misères qu'ils supportent, voire de la mort, s'ils parviennent à jouer un bon tour à l'ennemi.

Aussi un zéphyr, nommé Marcot, s'écria-t-il gaiement :

— Sacrebleu ! capitaine, voilà une crâne idée ! Les Arbis feront une drôle de tête quand ils sauteront avec nous !

Et les rires de la compagnie accueillirent la réflexion de ce garçon, qui mérita ce jour-là une mention spéciale pour un trait de bravoure que nous raconterons.

Ces scènes se passaient à la première heure de la matinée.

Le bombardement commença.

Les zéphyrs entassaient les grenades au pied des brèches ; ils préparaient la résistance et ils étaient si peu impressionnés par la perspective d'un prochain trépas, qu'ils s'ingéniaient à être désagréables à l'ennemi en lui jouant des farces..

Ainsi ils plantaient des baïonnettes, des pieux pointus, des fers aiguisés au pied des murs, dans l'intérieur de la redoute, là où ils pensaient que les Arabes tenteraient de passer ; ils espéraient qu'ils sauteraient sur ces piéges, cachés sous des tentes étalées par-dessus, et qu'ils se transperceraient d'eux-mêmes.

Ils ramassaient les boulets ennemis, en formaient des tas pour les renvoyer à la main sur les assaillants et, en faisant ce travail, un d'eux disait au lieutenant Magnier :

— De ces boulets nous faisons une grosse pile pour en flanquer une à l'ennemi.

Ce calembour n'est pas des plus fins et nous ne le citons que pour montrer dans quelle disposition d'humeur se trouvait la garnison.

Tous ces mots, dont nous respectons le texte, nous semblent précieux, car ils donnent la mesure du sang-froid de nos héros.

Cependant l'artillerie tonnait.

Aux premiers coups, les zéphyrs remarquèrent que le feu était très-vif.

Ils montèrent sur les remparts, virent que plusieurs pièces nouvelles étaient en batterie, mais ne s'en occupèrent pas autrement.

— Tiens ! cria l'un des curieux, voilà les Arbis qui ont reçu des renforts d'artillerie ; ces imbéciles ne se doutent guère que, plus vite ils prendront la redoute, et plus vite ils sauteront en l'air. Allez-y, les enfants, vous serez de la noce et nous ferons tous ensemble un voyage d'agrément à travers les airs.

Et Marcot, car c'était encore lui, redescendit après avoir fait la nique aux canonniers.

Les canons, quoique assez mal servis, car beaucoup d'artilleurs avaient été tués, firent de grands ravages, les murailles croulaient et, en peu d'heures, elles furent trouées de toutes parts.

Au camp l'assaut se préparait.

Les Arabes attendaient impatiemment le moment de donner l'assaut.

Leurs chefs avaient peine à contenir leur enthousiasme : chaque fois que quelque pan de muraille croulait sous les boulets, les détachements voulaient s'élancer, et les scheiks ne purent modérer cette impatience autant qu'ils l'auraient voulu.

Comme la veille, les assaillants étaient munis de madriers, d'arbres formant échelles, de longues perches.

Il était convenu que les trois colonnes attaqueraient sur trois points.

Lorsque les remparts furent largement entamés, il fallut donner le signal, malgré le désir du bey de Tlemcen qui eût voulu voir la redoute entièrement ruinée avant de lancer son monde.

Poussés par la honte qui les attendait s'ils étaient repoussés, eux qui avaient injurié les vaincus de la veille, excités par l'exemple des trente héros dont nous avons raconté le dévouement, les trois détachements montèrent à l'assaut avec une crânerie toute française.

Nos fantassins ne se seraient pas montrés plus déterminés.

Les drapeaux, portés en avant, flottaient orgueilleusement au vent ; les chefs réglaient le pas et animaient chaque groupe ; les tambours des réguliers battaient la charge.

Les trois détachements arrivèrent ainsi à mi-côte résolûment.

Du fort on ne tirait pas.

Les Arabes savaient bien que ce n'était pas par terreur ; ils sentaient que les assiégés réservaient leur feu.

Depuis leur départ, ils attendaient la fusillade, et la fusillade ne se faisant point entendre, ils furent inquiets.

A moitié route, subissant malgré eux une impression de défiance, ils ralentirent leur allure, pressentant quelque piége.

Les chefs eux-mêmes étaient influencés ; ils se taisaient dans les rangs.

Ceux qui ont marché contre une position ennemie savent quelles appréhensions vous saisissent quand un silence profond règne dans le retranchement qu'on aborde : on craint les embuscades, les mines, les surprises ; l'esprit se forge mille chimères ; on sonde le terrain du regard ; au moindre bruit on croit qu'on va sauter ; on est dans les plus mauvaises dispositions.

Les Arabes, avec leur tempérament nerveux, leur imagination, sont plus accessibles qu'aucun autre peuple à ces vagues terreurs : aussi les assiégeants hésitèrent-ils.

Ils s'arrêtèrent net.

On vit les chefs se consulter, les soldats émettre des avis, chacun échangeant ses craintes avec ses voisins.

D'une colonne à l'autre, on se consultait par des cris et des estafettes.

Le détachement qui allait à la brèche principale se décida à s'avancer encore ; mais tous les pieds s'allongeaient comme à regret.

La redoute restait muette.

Il fallait bien marcher pourtant, malgré cette idée fatale que les Français auraient creusé une mine.

Au bord du fossé, on vit sur les ruines du rempart, derrière la brèche les baïonnettes briller menaçantes.

Le moment décisif était venu.

Les porteurs des drapeaux les plantèrent en terre : il y eut encore de l'indécision ; un simple fossé, presque comblé, arrêtait seul l'ennemi ; mais ce fossé semblait être un abîme pour lui.

Les Arabes semblaient si empêchés, si gauches, si effarés du silence des nôtres, que les zéphyrs ne purent s'empêcher de rire.

Et ces rires produisirent une sorte de panique ; toute la colonne recula de quelques pas, frémissante, et pensant que si ces Français damnés riaient ainsi, c'est qu'ils en avaient les motifs.

Cette retraite ne prouva pas que les Arabes manquaient de courage : ils montrèrent le contraire plus tard ; mais la boucherie que fait l'explosion d'une mine est si affreuse, que les meilleures troupes se laissent intimider, si elles supposent avoir ce danger à courir.

Les zéphyrs tenaient à amener l'ennemi sous leurs baïonnettes ; ils voulaient éviter d'engager le feu avec lui.

Pour le déterminer à se jeter sur eux, ils se mirent à l'insulter.

Sachant presque tous la langue arabe, ils criaient des

injures à leurs adversaires et les fouettaient de sanglants lazzis.

— Ohé! jolies filles, disaient-ils, pourquoi diable avez-vous pris des burnous d'hommes? Venez donc à nous ; nous ne tirons pas sur les dames.

Et les brocards tombaient sur la colonne.

Le bâton surmonté d'un morceau de lard que coiffait une calotte arabe, était toujours piqué dans le rempart.

Les assiégeants le voyaient.

Un zéphyr le prit et l'agita.

Toutes les têtes regardèrent.

Les autres zéphyrs imitèrent les grognements du porc avec entrain.

— Entendez-vous? cria le soldat? votre frère vous appelle ! vous n'êtes donc bons qu'à courir ?

C'était plus que les Arabes n'en pouvaient supporter ; ils répondirent par un long et sourd murmure de colère ; au premier rang, toutes les figures avaient blêmi de fureur ; l'effet voulu était produit : les zéphyrs se turent.

La colonne se lança aux commandements des chefs, elle franchit le fossé et gravit la pente, s'engageant dans la brèche ; c'est ce que les assiégés attendaient.

A bout portant, à brûle-burnous, ils firent feu, ayant par fusil une balle plus quatre découpures de balles ; décharge meurtrière qui coucha toute la tête de la colonne par terre ; puis, sur ceux qui suivaient, les zéphyrs se ruèrent à l'arme blanche et les rejetèrent dans le fossé où ils s'entassèrent, nettoyant la brèche pour employer une locution de bivac d'une rare énergie.

Les Arabes, qui n'avaient jamais affronté les redoutables baïonnettes de nos soldats, reculèrent tous et remontèrent le fossé.

Ils avaient perdu leurs scheiks, leurs meilleurs guerriers, et ils étaient comme foudroyés par la sortie de la garnison.

Toutefois ils ne se démoralisèrent point.

Mais, au lieu de continuer l'assaut, ils se groupèrent autour de leur drapeau, et ils se mirent à tirer, envoyant dire aux batteries de recommencer leur feu.

Ils se couchèrent sur le sol et entretinrent une fusillade des plus vives avec les zéphyrs qui, eux, ménageaient leur poudre.

Les deux autres colonnes, imitant la première, s'étaient rangées au pied de leurs étendards et tiraillaient à outrance.

Peu après, la batterie tonna et les boulets s'abattirent avec fracas sur le fort.

Les Arabes tinrent fermes, attendant que le bombardement n'eût pas laissé du fort pierre sur pierre pour l'envahir.

Le bombardement, grâce aux renforts reçus par les Arabes, était terrible.

Les projectiles tombaient sur la redoute sans qu'un seul se perdît, parce que de nouveaux pointeurs étaient venus de Mascara; le tir était très-juste.

La pièce du fort ripostait, mais elle ne pouvait éteindre le feu de l'ennemi; en vain les servants se multipliaient-ils; leur zèle ne suppléait point à l'infériorité du nombre.

La principale colonne, couchée autour de son drapeau,

ne cessait de diriger une fusillade enragée sur la garnison, qui fut dans l'impossibilité de travailler.

Elle essaya de relever quelques pierres, de rétablir l'enceinte, mais elle dut renoncer à cette trop dangereuse tentative; toute la compagnie aurait péri en peu d'instants sous les balles.

La nécessité de ménager les munitions venait encore aggraver cette situation déplorable; on ne pouvait rendre feu pour feu à l'ennemi.

Les officiers n'autorisaient à tirer que les plus adroits; ils étaient cinq ou six dans chaque groupe.

On leur passait les armes chargées et ils ne lâchaient la détente qu'à bon escient, car ce n'était pas l'heure de gaspiller sa poudre.

Il semble que rien ne devait être plus facile que de tuer à bout portant les assaillants, entassés sous les murailles.

Rien de plus périlleux, au contraire, et de plus difficile.

Les balles pleuvaient si dru qu'il fallait se tenir à plat ventre derrière les débris; dans cette position, on n'apercevait pas les indigènes.

Les zéphyrs chargés de les fusiller se formaient un abri pierre à pierre, avec mille précautions et élevaient ainsi une embuscade derrière laquelle ils se trouvaient couverts tant bien que mal; alors seulement ils avaient vue sur la colonne et ripostaient à ses décharges; mais, à chaque instant, le canon ruinait l'embuscade et il fallait recommencer un travail pénible et lent.

D'autre part, les deux autres colonnes avaient envoyé

chacune une centaine d'hommes dans les fossés, sur les points que l'artillerie arabe ne battait pas ; ces hommes, munis de pioches et de leviers de bois, sapaient la muraille avec ardeur.

Impossible de les en empêcher.

Dès qu'un zéphyr se montrait à un créneau, trente ou quarante balles tombaient dans ce créneau et quelques-unes au moins le traversaient, blessant le tireur.

De la sorte, les Arabes pouvaient, sans danger, démolir l'enceinte.

Partout les zéphyrs se trouvaient attaqués ; partout ils étaient réduits à l'impuissance.

La mort leur venait d'en haut avec les obus, d'en bas avec la sape, de tous côtés avec les trois colonnes...

Pendant la première demi-heure, ils furent réduits au silence.

L'ennemi, s'encourageant de ces succès, oublia son premier insuccès, et, sûr de réussir prochainement, il devint audacieux et insolent.

On vit des guerriers, exaltés par l'ardeur du combat, se jeter sur la brèche, tirer sur les nôtres et tomber criblés de balles, en poussant un cri d'enthousiasme ; la lutte grisait les Arabes.

Les zéphyrs comprirent que l'assaut serait acharné.

Ils résolurent de calmer à tout prix cette recrudescence de bravoure, causée par l'impunité.

A la grande brèche, ils s'abritèrent derrière les pans de murs encore debout, et de chaque côté de l'ouverture faite par le canon, ils dressèrent une embuscade.

Des assaillants, en entrant, devaient défiler entre ces deux murailles.

De plus, comme les boulets n'avaient point vue sur elles, les zéphyrs s'y trouvaient à l'aise pour diriger leur feu croisé sur la colonne; celle-ci fut obligée de se porter de côté pour éviter les balles.

De la sorte, elle n'était plus en face de la brèche; c'était sans doute un mince succès, mais il avait son importance.

— Vous voyez bien, criaient les zéphyrs, que vous êtes des femmes poltronnes, de lâches hyènes, puisque vous fuyez dès que nos balles peuvent vous mordre la peau! Vous n'êtes bons qu'à courir les bras en l'air, à travers le désert!

Et, comme le bâton portant le morceau de lard était tombé, un zéphyr le releva et le replanta sur le mur.

— Alouf! alouf el robaa! Cochon, cochon de la forêt, cria-t-il.

Et nos soldats de rire. Et les Arabes de rugir.

Nous avions repris sur eux quelque ascendant moral.

Au même moment, les zéphyrs qui défendaient les autres points, jouaient un bon tour à l'ennemi.

Sentant qu'une muraille allait être abattue, ils résolurent de la jeter eux-mêmes sur l'ennemi et de l'écraser.

A cet effet, ils se mirent à faire effort sur elle, pendant que les Arabes la sapaient et ils parvinrent à la renverser avant que les travailleurs se fussent retirés.

Ces malheureux furent ensevelis sous les débris, et au

milieu du bruit que fit le mur en croulant, on entendit un grand cri de terreur.

Puis, à travers la poussière, on vit quelques malheureux se relever du milieu des décombres et fuir ; mais des balles vinrent leur casser les reins.

Ils retombèrent en râlant.

Une nouvelle brèche était ouverte, il est vrai, mais elle ne servait à rien.

Ce mur était celui d'une des maisons formant l'enceinte ; derrière lui, et rattaché à l'enceinte par les deux faces de la maison, s'en trouvait donc un autre.

Le travail des Arabes n'avait en conséquence abouti à rien.

Ils cessèrent de saper et sortirent des fossés de la redoute.

A cette vue, les nôtres les accablèrent d'injures et on leur jeta des immondices en signe de dérision.

Cette lutte avait un caractère tout particulier de haine et de cruauté ; les combattants étaient animés les uns contre les autres d'une soif de vengeance qui se voit rarement à la guerre.

D'habitude on se bat pour vaincre, on n'en veut pas au soldat ennemi, on est humain, on épargne.

Là, point de pitié, point de pardon ; la mort à tous ceux qu'on pouvait atteindre !

Les Arabes, furieux de se voir lancer des choses immondes à la figure, imaginèrent, pour en finir plus vite, de se ruer contre la porte et de l'enfoncer.

Ils vinrent en masse avec leurs madriers et ébranlèrent les montants.

Ce fut une de leurs dangereuses attaques.

Ils avaient criblé cette porte de tant de balles, pendant leurs derniers assauts et pendant celui-ci, que le bois en était vermoulu et tenait à peine.

Nos soldats tiraient, tiraient à outrance; mais sans se décourager, poussant leurs madriers contre les battants, les Arabes firent voler les planches en éclats et la porte s'abattit, leur livrant passage...

Les Arabes poussèrent un cri de joie, appelant à eux tous les combattants; ils s'élancèrent tous à la fois dans la redoute.

Mais tout à coup, ils reçurent une décharge à brûle-burnous, et ils s'aperçurent que, derrière la porte, s'élevait une barricade.

Les zéphyrs avaient prévu que l'on s'efforcerait d'abattre les montants; aussi s'étaient-ils empressés d'élever une barrière, espèce de banquette à créneaux, qui arrêta l'ennemi.

Les assaillants vinrent se heurter contre elle et essayèrent en vain de l'emporter, le yatagan au poing; on leur répondit par des coups de baïonnette, et on les rejeta dehors.

Après plusieurs attaques inutiles, fatigués d'être repoussés, ils formèrent une colonne épaisse qui, pour la dernière fois se précipita sur la barricade; le sous-lieutenant Durand, qui commandait sur ce point, fit faire sur cette colonne une décharge immédiatement suivie d'une charge vigoureuse à l'arme blanche.

Les morts et les mourants s'entassèrent en un clin d'œil à l'entrée du fort, que les zéphyrs dégagèrent complètement par cette sortie énergique ; pendant une ou deux minutes que dura cette mêlée, chacun des vingt-cinq hommes de ce poste ne cessa de frapper et le carnage fut horrible.

Le sous-lieutenant Durand sabra, dit le rapport officiel, cinq ou six Arabes de sa main, les décapitant presque tous.

On ne retrouva pas un seul cadavre qui ne fût percé de part en part.

Les assaillants se replièrent pour ne plus revenir sur ce point ; ils étaient convaincus de l'impossibilité de pénétrer par là : aussi se contentèrent-ils de tirer contre la banquette sans oser se ruer de nouveau à l'assaut de ce misérable obstacle.

Les zéphyrs, pour se couvrir, voulaient relever la porte.

Mais les projectiles tombaient si dru que celui qui se fût dévoué à cette tâche eût péri infailliblement.

Toujours ingénieux, ils s'avisèrent, au nombre de trois, de relever des cadavres ennemis tombés sur la banquette, et de courir à la porte, protégés par ces boucliers bizarres.

Les Arabes n'osèrent tirer.

En un tour de main les battants furent redressés, consolidés tant bien que mal et l'on fut de nouveau à l'abri.

Le sous-lieutenant Durand put, dès lors, envoyer du renfort à son capitaine du côté de la brèche où allaient se concentrer les efforts de l'ennemi.

Cependant le bombardement continuait toujours et

faisait de tels dégâts que la brèche se trouvait au ras du sol.

Le moment de renouveler l'assaut était enfin venu.

Les cheicks et les marabouts en prévinrent leurs guerriers, qui se tinrent prêts à bondir ; on entendait très-distinctement les recommandations des chefs :

— Tous ensemble ! criaient-ils ; pas de coups de fusil ; en avant ! le yatagan au poing !

Et ils rappelaient les injures reçues.

Le capitaine Lelièvre, de son côté, recommandait aux siens de laisser l'ennemi s'engager un peu et de le fusiller, puis de jouer ensuite de la baïonnette.

Les zéphyrs étaient aussi calmes que les Arabes étaient furieux.

Leurs brunes têtes, noires de poudre, se penchaient souriantes au-dessus des deux murs qu'ils avaient dressés de chaque côté de la brèche ; elles regardaient avec dédain l'ennemi qui rampait vers le fossé.

Ce qui frappe le plus les Arabes, c'est l'expression sarcastique des traits de nos soldats, toujours railleurs, toujours ricanant, même vaincus.

L'indigène, qui croit à la fatalité, qui se courbe et se résigne à son destin, ne comprend rien à ce caractère gaulois que rien n'abat, qui se dresse contre le mauvais sort, le défie, le brave et le dompte souvent.

Un des Arabes de cette guerre, acteur de ce drame, devenu spahi, disait à l'un de nos officiers :

— Les zéphyrs de Mazagran nous épouvantaient, parce qu'ils avaient toujours le coin des lèvres à l'oreille.

Il voulait dire, par cette figure arabe, que les nôtres riaient toujours.

Et il racontait encore qu'à ce dernier assaut, quand on se fut rapproché du fossé, on vit les figures curieuses des assiégés regarder les assiégeants.

— Alors, disait le spahi, ils nous firent l'effet de djenouns (diables), et nous eûmes froid dans la peau en les apercevant, parce qu'ils riaient.

Il est certain que les Arabes, sachant les zéphyrs si peu nombreux, préféraient croire à quelque intervention surnaturelle, qu'à la bravoure et à l'intelligence de leurs adversaires; aujourd'hui encore, ils prétendent que la magie fut pour beaucoup dans leur défaite.

Les marabouts, qui avaient amené la colonne au bord du fossé, remarquèrent quelque hésitation et devinèrent d'où elle venait. Ils se mirent aussitôt à prononcer des versets du Coran ayant pour effet de conjurer les mauvais esprits et le sort; la foule répéta en chœur cette prière.

Nos soldats, réservant leurs feux, laissèrent l'ennemi accomplir tranquillement cet acte de piété qui prouvait une naïve ignorance; mais cette faiblesse leur donna pour les assiégeants un mépris sans égal.

— Appelez Mahomet, tas d'idiots! cria un zéphyr; je veux bien avoir le cou coupé, s'il empêche ma baïonnette de trouer vos poitrines.

Et, prenant à la main le fameux bâton couronné de lard, il l'agita, puis le lança au milieu des Arabes.

Le hasard fit que le morceau de chair immonde frappa un marabout au visage :

— Le porc embrasse les porcs, crièrent les zéphyrs;

c'est de frère à frère ; baisez-le tous, vous êtes de la même famille !

Un aaou (cri de guerre) furieux partit de la foule, qui se dressa comme un seul homme et se rua sur la brèche ; mais comme il y avait un fossé à franchir, comme les premiers étaient poussés par les derniers, la tête de colonne fut renversée, foulée, et il y eut une confusion qui brisa le premier élan ; toutefois, les guerriers entrèrent en masse par l'ouverture que les canons leur avaient faite large et facile.

Les zéphyrs, avec une balle pleine et une autre coupée en quatre, dans chaque fusil, leur jetèrent bas, de chaque côté, ceux qui avaient pénétré, et ils se précipitèrent à la baïonnette sur la colonne, qui tint cette fois avec une grande vigueur contre le choc.

Mais la baïonnette est une arme si redoutable contre des gens armés de sabres que la mêlée ne fut pas longue ; les zéphyrs, à grands coups, taillaient en pleine chair et amoncelaient tant de morts que la brèche se bouchait rapidement ; en moins de rien, les couches amoncelées de cadavres la fermèrent.

Néanmoins, l'ennemi s'acharnant, ne cessa de monter les pentes du fossé, enjambant cette barrière sanglante et voulant passer à tout prix ; quand une dizaine d'Arabes s'étaient hissés ensemble sur cette barricade de tués et de blessés, ils faisaient feu de leurs pistolets, et se jetaient sur les zéphyrs à corps perdu.

On les clouait aux murailles et on retournait à d'autres.

Mais voilà que soudain un appel retentit dans le fort.

L'ennemi l'envahissait sur un autre point et la réserve l'avait sur les bras.

Un groupe nombreux d'assaillants avait dressé des échelles le long des murailles et, profitant de ce que presque toute la garnison était occupée à la brèche, il avait escaladé l'enceinte et pénétré dans la place.

Cette manœuvre s'était exécutée très-habilement.

A toutes les échelles les Arabes avaient monté avec ensemble et ils sautaient en même temps dans la redoute.

Le capitaine Lelièvre courut avec une trentaine d'hommes au secours de son sergent-major qui se trouvait aux prises avec plus de deux cents assaillants et n'avait qu'une escouade sous la main.

A chaque instant, de nouveaux combattants couronnaient les murs et entraient dans l'enceinte, criant victoire.

Mais les zéphyrs, sans mot dire, tombèrent sur eux et les poussèrent vers la muraille, la baïonnette toujours rouge et trouant les dos à outrance ; il suffit de trois charges sur différents groupes qui s'étaient formés pour que pas un Arabe ne restât dans le fort autrement que mort ou blessé.

Les zéphyrs renversèrent les échelles et coururent à la brèche.

Leurs camarades étaient sur le point d'y être accablés.

Les assaillants redoublant d'efforts, s'étaient logés, comme on dit en termes militaires, et on ne pouvait les débusquer sans un vigoureux effort de toute la garnison.

Celle-ci voulait charger.

— Aux grenades ! cria le capitaine, c'est le moment, mes enfants.

Les zéphyrs sautèrent sur les projectiles, les allumèrent et les envoyèrent sur l'ennemi qui, massé, fut criblé.

L'effet des grenades, éclatant et envoyant leurs débris de tous côtés, est terrible : la brèche fut évacuée en moins de rien.

Mais tout à coup un cri épouvantable retentit dans les camps, spectateurs de l'assaut.

Que se passait-il donc ?

Les Arabes avaient poussé une clameur dans le camp et l'on avait vu tous les guerriers sauter en selle.

Au fort, assaillants et assaillis avaient suspendu le combat.

Des émissaires, envoyés de la plaine aux fantassins ennemis, leur apprirent que la garnison de Mostaganem tentait une sortie ; toutes les tribus montaient à cheval pour écraser les Français et emporter la ville.

Les assiégeants accueillirent cette nouvelle avec joie.

— Mostaganem est à nous ! crièrent-ils aux zéphyrs qui, anxieux, se demandaient pourquoi tout ce mouvement.

En ce moment, les canons de Mostaganem tonnèrent.

— Entendez-vous le *medfa* (canon) ? demandèrent les zéphyrs à leurs adversaires ; il paraît que l'on vous reçoit là-bas comme ici, les camarades !

Et, comprenant qu'on les soutenait, les zéphyrs furent sans inquiétude.

L'artillerie de la garnison se rapprocha de plus en

plus; elle prit position et pendant longtemps elle tonna.

Du fort, on ne pouvait voir les péripéties de la lutte; mais, avec leur habitude de la bataille, les zéphyrs se rendaient compte de ce qui se passait.

Tous les cavaliers étaient partis pour Mostaganem.

Plusieurs milliers de fantassins restaient seuls en face des murailles; ils avaient suspendu l'attaque.

Tout aux incidents de la lutte gigantesque qui se déroulait devant la ville, ils avaient fait trêve.

Des vedettes, placées par eux sur différents points, venaient à chaque instant les renseigner.

Les zéphyrs, eux, ne tiraient point parce qu'ils n'avaient presque plus de poudre et qu'ils la réservaient pour les assauts.

De cette façon, la redoute et ses abords présentèrent un singulier spectacle.

Trois mille Arabes, silencieux, avaient peu à peu gagné un mamelon d'où ils dominaient Mostaganem.

Là, ils contemplaient, stupéfaits, les impuissants efforts de douze mille guerriers contre trois cents hommes.

Sur les murs, les zéphyrs travaillaient, essayant de réparer les brèches et n'envoyant que des quolibets à leurs adversaires, dont la contenance piteuse dénotait que les tribus n'étaient pas heureuses dans la lutte engagée.

Tout en se hâtant de rétablir tant bien que mal leur enceinte, les zéphyrs causaient, et une idée incroyable germait dans leurs cervelles : discutant leur plan, ils le trouvaient praticable; mais la besogne allait se ralentissant.

— Eh bien ! on est donc sur les dents, qu'on flâne ! dit le capitaine Lelièvre ; il faut pourtant profiter du répit qu'on nous laisse si à propos.

— Je vais vous dire, capitaine, riposta un caporal, les camarades ont un projet qui vous ira probablement comme un gant; il s'agirait de faire des choses comme on n'en a jamais vu.

— Explique-toi, fit le capitaine.

— Pour lors, les camarades pensent que la garnison cherche à les délivrer.

— C'est possible.

— Ils pensent qu'il faudrait lui donner un léger coup de main.

— Comment?

— En tombant sur le poil aux Arbis à pied qui sont là-bas sur la hauteur ; on vous passerait sur le ventre à ces gueux-là, le temps d'en parler, n'est-ce pas ? vous autres !

— Parbleu ! firent en chœur les zéphyrs.

— Et puis nous passerions à travers les cavaliers, s'i y avait moyen ?

— Et s'il n'y avait pas moyen?

— On se formerait en carré et on attendrait les amis.

Un autre zéphyr s'avançant :

— Il va sans dire, capitaine, qu'on ferait sauter le fort avant de s'en aller.

Le capitaine regardait avec admiration ces hommes qui ne doutaient de rien, et qui parlaient, eux, au nombre de cent, d'exterminer d'abord trois mille fantassins, puis de se faire jour à travers une armée de cavaliers.

Ils avaient l'air si déterminé, que, connaissant ces cerveaux brûlés, il n'osa traiter de folie leur idée.

— Ma foi! dit-il, votre plan me paraît des plus raisonnables.

— Ah! ah! firent les zéphyrs.

— Seulement l'on m'a confié le fort pour le défendre, et je n'en sortirai que sur un ordre du colonel Dubarrail. Mon honneur me défend de le quitter avant d'avoir été rappelé.

— Le capitaine a raison, dit le caporal ; il faut rester.

— Restons! firent les zéphyrs. Mais c'est embêtant ; on leur aurait un peu crânement tanné le cuir aux Arbis!

Et ils se remirent à travailler.

Ils ne se doutaient seulement pas qu'ils venaient d'être sublimes.

La bataille fut longue.

Nous l'avons décrite.

Les zéphyrs avaient eu le temps, avant la retraite, de se couvrir un peu.

Ils attendaient donc, avec une confiance absolue, le retour de l'ennemi.

Après tant de victoires, ils se regardaient comme invincibles.

Bientôt le canon de Mostaganem recula ; la retraite commençait.

Les fantassins arabes comptaient beaucoup sur ce mouvement ; ils pensaient que leur cavalerie en profiterait.

Au premier mouvement en arrière, ils poussèrent leur cri de guerre, encourageant les goums à charger.

— Diable ! ça se gâte là-bas, pensèrent les zéphyrs.

Ils craignirent que leurs camarades n'eussent subi un échec.

Les fantassins arabes, avec une rare adresse, simulèrent une grande joie et battirent des mains.

Les canons de la place retentirent au dernier moment, puis ils se turent.

Les assiégeants affectèrent une joie délirante par ordre des chefs.

Alors ils revinrent devant le fort.

— Rendez-vous ! crièrent-ils aux zéphyrs, Mostaganem vient d'être emporté et nos goums y sont entrés avec la garnison qui fuyait devant eux.

A la suite d'une pareille sommation, le soldat français pense à Cambronne tout naturellement, et choisit l'un des deux mots qu'on lui attribue.

Les zéphyrs trouvèrent que le plus long : « Le Français meurt et ne se rend pas » serait plus difficile à traduire que l'autre, si expressif dans sa concision ; ils le crièrent aux Arabes avec un ensemble que ceux-ci ne parurent pas apprécier.

Puis le capitaine Lelièvre, à son tour, leur répondit :

— Vous mentez comme des chiens ; mais je ne me rendrais pas, quand même je verrais rangées sous la muraille les trois cents têtes de nos camarades de Mostaganem.

— On te les apportera demain ! s'écria un marabout.

— Pas toi, toujours ! dit un zéphyr en le couchant en joue. Et il le tua roide.

Une décharge générale suivit ce coup de fusil et dispersa tous les Arabes.

— On enlèvera votre redoute demain, s'écrièrent-ils en se sauvant, aujourd'hui il est trop tard.

— Levez-vous aussi matin que vous le voudrez, ripostèrent les zéphyrs, il sera toujours trop tard.

Et leur canon, pointé à mitraille, coucha par terre les plus tardifs.

Le reste, avec les drapeaux, disparut rapidement dans le village.

Mostaganem était-il enlevé?

Les zéphyrs ne le pensaient pas, mais le fait pouvait être vrai.

Toute la nuit passée au travail leur parut longue; ils attendaient le jour, pensant que leurs camarades donneraient de leurs nouvelles par quelques coups de canon et par une autre sortie.

Après la retraite de la garnison, les Arabes disparurent, et Mazagran fut délivré.

Le lendemain matin, la dixième compagnie rentrait dans Mostaganem, saluée par les acclamations de ses frères d'armes et de la population; son drapeau déchiré par treize blessures flottait au vent.

Elle eut le droit, qu'elle conserve encore, de le porter à chaque prise d'armes.

Une médaille fut frappée en l'honneur des cent vingt-cinq héros de ce siége dont la postérité la plus reculée conservera le souvenir.

Clichy. — Imp. Paul Dupont et Cie, rue du Bac-d'Asnières, 12.

EXTRAIT DE LA COLLECTION DEGORGE-CADOT. 1 fr. 25 c. le volume
Par la poste 1 fr. 50 c.

MADAME V. ANCELOT
- Un nœud de ruban 1
- Emerance 1
- Georges 1
- Fils d'une joueuse 1
- Une famille mystérieuse 1

ÉLIE BERTHET
- La Bête du Gévaudan 2
- Le Château de Montbrun 1
- Les Mystères de la famille 1
- Une Maison de Paris 1
- Le roi des Ménétriers 1
- L'Oiseau du désert 1
- L'Étang de Précigny 1
- La Mine d'or 1

ERNEST CAPENDU
- Le Pré Catelan 1
- Mademoiselle la Ruine 2
- Les Mystificateurs 1
- Les Colonnes d'Hercule 1
- Le Chasseur de panthères 1

CHARDALL
- Les Vautours de Paris 2
- Le Bâtard du roi 1
- Jarretières de Madame de Pompadour 1
- Trois Amours d'Anne d'Autriche 1
- Le Capitaine Dix 1

CHATEAUBRIAND (DE)
tous les volumes ornés de gravures sur acier.
- Atala 2
- Les Natchez 2
- Les Martyrs 2
- Le Paradis perdu 1
- Voyages en Amérique 2
- Études historiques 2
- Itinéraire de Paris à Jérusalem 2
- Histoire de France 2
- Génie du Christianisme 2
- Les Quatre Stuarts 1
- La Littérature anglaise 1

CHARLES DESLYS
- Le Canal Saint-Martin 2
- Simples récits 1
- L'Aveugle de Bagnolet 1
- Le Mesnil-au-Bois 1
- La Jarretière rose 1
- Les Compagnons de minuit 1

ALEXANDRE DUMAS
- Vie et Aventures de la princesse de Monaco 2
- Mémoires d'un Policeman 1

ALEXANDRE DUMAS FILS
- Sophie Printemps 1
- Tristan le Roux 1

JULES CLARETIE
- Un assassin 1
- La poudre au vent 1
- L'Habit d'Arlequin 1

PAUL DUPLESSIS
- Une Fortune à faire 1
- Juanito le Harpiste 1
- Les Peaux-Rouges 1
- Le Batteur d'estrade 2
- Les Mormons 1
- Les Étapes d'un Volontaire 4
- L'illustre Polinario 1
- Un Monde inconnu 1
- Aventures mexicaines 1
- Les Grands Jours d'Auvergne 4
- La Sonora 2
- Les Boucaniers 4

PAUL FÉVAL
- La Fontaine aux Perles 1
- La Louve 2

MARQUIS DE FOUDRAS
- Madame Hallali 1
- Lord Algernon 2
- Un Caprice de grande dame 3
- Soudards et Lovelaces 1
- Un Capitaine de Beauvoisis 2
- Jacques de Brancion 2
- La comtesse Alvinzi 1
- Madame de Miremont 1
- Les deux couronnes 1

A. DE GONDRECOURT
- Mademoiselle de Cardonne 1
- Le Légataire 1
- Le Chevalier de Pampelonne 2
- Le Baron la Gazette 2
- Les Péchés mignons 2
- Un ami diabolique 1
- Le Bout de l'oreille 3
- Le dernier des Kerven 2
- Médine 2

XAVIER DE MONTÉPIN
- La Perle du Palais-Royal 1
- La Fille du Maître d'école 1
- Le Compère Leroux 1
- Un Brelan de Dames 1
- Les Valets de Cœur 1
- Sœur Suzanne 2
- La Comtesse Marie 2
- L'Officier de fortune 2
- La Sirène 1
- Viveurs d'autrefois 1
- Les Amours d'un Fou 1
- Ivoine 1

- Mignonne 1
- Geneviève Galliot 1
- Les Chevaliers du Lansquenet 1
- Les Viveurs de Paris 2
- Les Viveurs de Province 2

MÉRY
- La Juive au Vatican 1
- Débora 1
- La Famille d'Herbier 1
- Un mariage de Paris 1
- Le Bonnet vert 1
- Les deux Amazones 1

MOLÉ-GENTILHOMME
- Le comte de Carmagnola 4

LOUIS NOIR
- Jean Chacal 3
- Le Coupeur de têtes 2
- Le Lion du Soudan 2
- Le Corsaire aux cheveux d'or 2
- Puebla 1
- Mexico 1
- En Crimée 1
- Sous la tente 1
- Les Goélans de l'Iroise 2
- Le Pavé de Paris 1
- Fasto de l'armée d'Afrique 1

VICTOR PERCEVAL
- Béatrix 1
- Un excentrique 1
- Un Amour de Czar 1
- Le plus Laide des Sept 1
- La Pupille du Comédien 1

LÉON GOZLAN
- Un Fou couronné 1

HENRY DE KOCK
- L'Auberge des Treize-Pendus 2
- L'Amant de Lucette 1
- Les mystères du Village 2
- La Dame aux Émeraudes 1
- Brin d'Amour 1
- Les Femmes honnêtes 1
- La Tribu des Gêneurs 1
- Minette 1
- Les Amoureux de Pierrefonds 1
- Morte et Vivante 1
- Les petits Chiens de ces dames 1
- Courses aux amours 1
- Bibi et Lolo 1
- Les Consolations de Bibi 1
- L'Amour bossu 1
- La Chute du petit 1

LE TASSE
- La Jérusalem délivrée 1

OBLIGATIONS PERMANENTES (ont commencé en janvier 1872)

HISTOIRE CONTEMPORAINE ILLUSTRÉE.
Livraisons à 10 centimes ou 10 fascicules de 6 livraisons à 60 par année. — *Abonnement* franco des fascicules .... 7 »

LES ŒUVRES CÉLÈBRES ILLUSTRÉES.
Une feuille entière de 16 pages par semaine 0.20
ou 17 fascicules de chacune 3 feuilles à 60 centimes par année.
Abonnement annuel : Envoi franco des fascicules. Paris et Province. 12 »

sous presse en 1872 :
ŒUVRES DE CHATEAUBRIAND

Imp. Paul Dupont et Cie, rue du Bac-d'Asnières, 12.

www.ingramcontent.com/pod-product-compliance
Lightning Source LLC
Chambersburg PA
CBHW050317170426
43200CB00009BA/1357